"十三五"国家重点图书出版规划项目
西北联大与现代文明丛书
◎ 郭立宏　李寻　总主编

邵丽英 刘铨 主编

现代医学之源
西北联大与现代医学事业

西北大学出版社

图书在版编目(CIP)数据

现代医学之源：西北联大与现代医学事业 / 邵丽英，刘铨主编. —西安：西北大学出版社，2017.9
（西北联大与现代文明 / 郭立宏，李寻主编）
ISBN 978-7-5604-3755-2

Ⅰ．现… Ⅱ．①邵…②刘… Ⅲ．①西北联合大学—医学—教授—生平事迹 Ⅳ．K826.2

中国版本图书馆 CIP 数据核字（2015）第 256489 号

"十三五"国家重点图书出版规划项目

西北联大与现代文明丛书

总 主 编　郭立宏　李寻

现代医学之源：西北联大与现代医学事业

主　　编	邵丽英　刘铨
出版发行	西北大学出版社
电　　话	029-88302590　88303593
邮　　编	710069
经　　销	全国新华书店
印　　装	西安华新彩印有限责任公司
开　　本	787 毫米×1092 毫米　1/16
印　　张	17.5
字　　数	235 千字
版　　次	2017 年 9 月第 1 版　2017 年 9 月第 1 次印刷
书　　号	ISBN 978-7-5604-3755-2
定　　价	64.00 元

图片提供　西北大学档案馆、陕西理工大学西北联大汉中办学纪念馆、城固县博物馆苟保平等单位和个人

序一

从大历史的角度来看,对西北联大的伟大意义无论做多高的评价都不过分。

西北联大是西北地区现代高等教育的源头,自 1937 年成立到如今,已经分蘖出 70 多所现代高校。在这方面,学术界已经做了深入的研究,达成广泛的共识。

西北联大还是中国现代化过程中一个至关重要的发展环节,这方面,则有待更深入的研究和讨论。

自 19 世纪中叶以来,受世界历史大潮流的影响,中国形成了东部沿海地区发达、中西部地区相对落后的经济格局。现代文明的要素总是先出现于东部沿海地区,然后逐步向中西部地区渗透。到今天为止,东部沿海地区相对发达、中西部地区相对落后的总体格局依然没有根本性的变化。

现代文明的渗透是个缓慢的过程,靠渐进式渗透不仅发展缓慢,而且永远也改变不了大的战略格局。只有采取非常规的超大规模的文明内迁,才能使落后的中西部地区获得跨越式的发展。

从过往的历史来看,中西部地区的跨越式发展只经历过两次:一次是抗日战争时期的教育、工业大规模内迁;另一次是新中国成立后的三线建设。在这两次大规模现代文明内迁过程中,西北联大都发挥了十分重要的作用。

其实早在全面抗战之前，国民政府就已经在规划将平津地区部分高校迁入陕西，成立"西北大学"，但没有付诸行动。全面抗战的爆发为这项战略构想的落实提供了契机。战争的残酷破坏以及它所激发出的高昂爱国热情，消除了寻常内迁的动员难度与社会成本。平津地区的一流高校快速"空降"西北，并在随后的八年中分立成5所独立的大学。经过新中国成立后的快速发展，到三线建设时，以西北联大为基干的高校已经发展到了30多所，遍及各个行业，为国家的工业发展、现代文明建设培养了关键性的人才。值得强调的是，这些人才已不只局限于西北，而是分赴全国各地，为国家的现代化建设服务。

大学是现代文明之母，不仅表现在大学带来了新的理念、新的知识、新的技术，还在于大学所培养出的具有现代理念与知识、技能的人才，分赴实际工作岗位后，经过数十年的埋头工作，在各个具体领域里推进了现代文明的发展。基于这种认识，我们对于西北联大的研究溢出教育领域，进入更为广阔的现代文明范围。目前呈现在读者面前的这四本书，就是这项研究工作的阶段性成果。

其中《热血书生上战场：西北联大与抗日战争》不仅记载了当年西北联大师生投笔从戎、走上抗战前线的热血故事，还辑录了当时数位西北联大校长的回忆录，从各个层次展现出设立西北联大时的战略考量。《现代地质学重镇：西北联大与现代地质事业》《现代医学之源：西北联大与现代医学事业》，分别从地质矿产和医学两个领域，回顾了西北联大所做出的重要贡献。《知识分子何谓：西北联大知识分子群体研究》则从价值观的角度重新定义现代知识分子的意义，指出：高扬自由主义理念，固然是知识分子的使命之一；但埋头苦干、在每一个物质生产领域里扎扎实实地建设现代文明的基础，同样是现代知识分子的重要使命。从大历史的角度来看，西北联大知识分子群体所做的工作，更具建设性的意义。

"西北联大与现代文明"的研究才刚刚开始，在我们所涉猎的范围，如教育文化、家政、纺织工业、航空工业、现代农业、水利等多个方面，均可看到西北联大的影响，未来将会有更多的研究作品问世。

从大的历史格局来看，中国的现代化必须是整体的现代化，东部沿海地区发达、中西部地区落后这种不平衡的格局如果不改变，就不能说国家已经实现了全面的现代化。只有中西部地区崛起了，才意味着中国真正崛起了。当前形势下，党中央、国务院又提出"一带一路"的战略构想，这项高瞻远瞩的战略构想给中西部地区又带来了一次重大的发展机遇，西北联大的后继者们当抓住这次机遇，再立新功，争取在实现全面现代化的过程中做出更大的贡献。

是为序。

郭立宏

2017年春

序二

为什么要纪念西北联大

  中国知识分子在民族大义面前，与祖国共命运、与河山同沉浮、义无反顾的献身精神不应忘记！

  他们对祖国西北开发使命的崇高自觉不应忘记！

  他们期待祖国辽阔西北有发达的高等教育的愿望不应忘记！

  西北联大与西南联大是国民政府同时决策组建的两个大学共同体。七七卢沟桥事变之后，中华民族处于生死存亡的危急关头。1937年9月10日，国民政府教育部第16696号令："以北京大学、清华大学、南开大学和中央研究院的师资设备为基干，成立长沙临时大学。以北平大学、北平师范大学、北洋工学院和北平研究院等院校为基干，设立西安临时大学。"其中长沙临时大学不久转徙云南，合组西南联合大学；而西安临时大学迁至陕西汉中，改为国立西北联合大学。十分遗憾的是，目前有关西北联大的文献研究极为薄弱，其史实很少为世人所知。

  事实上，西北联合大学对中国高等教育的发展产生过重要推动作用，在中国高等教育史上具有十分重要的地位。

一、西北联大是西北高等教育生长发展的重要推动力量

在组成西北联大的几所高校到来之前,西北虽然有一些高等教育的萌芽,但根基相对薄弱,且时断时续。例如,原清光绪二十八年(1902)设立的陕西大学堂,辛亥革命后(1912)改名为省立西北大学,20世纪20年代升格为国立西北大学,旋更名为国立西安中山大学,但在1931年被改为西安高中。而西北联大的主体都有比较好的基础,有较强的实力。例如北平大学,1927年由北洋政府下令将北京9所国立大学合并而成,包括工学院、医学院、农学院、法商学院、女子文理学院5所学院,各院均有各自的历史。北洋工学院创建于1895年10月,原名天津西学堂,后用过北洋大学堂(1903)、北洋大学校(1912)、国立北洋大学(1913)等校名,是中国第一所现代意义上的大学。北平师范大学发端于1902年创立的京师大学堂师范馆,1912年改名为"国立北京高等师范学校",1923年7月改为"国立北京师范大学校",1931年7月,与被改名为"北平大学第二师范学院"的女师大合并,成立"国立北平师范大学",是中国第一所师范大学。北平研究院1929年9月9日成立,以北平大学的研究机构为基础,有物理、化学、镭学(后改为原子学)、药物、生理、动物、植物、地质、历史等9个研究所。这些院校和研究机构迁徙来到西北,组成一个高等教育联合体,大大提高了西北地区高等教育的实力。

在西安期间,西安临时大学分为第一院、第二院、第三院共三大院,包括文理、法商、教育、农、工、医6大学院,24个系。其中校本部为第一院,在西安城隍庙后街四号(含国文系、外语系、历史系、家政系);第二院在今西北大学太白校区(有数学系、物理学系、化学系、体育学系,以及工学院6系);第三院在北大街通济坊,

有法商学院3系（法律学系、政治经济学系、商学系）、农学院3系（农学系、林学系、农业化学系）、医学院（不分系）和教育系、生物系、地理系。西安临时大学教授共计有106名，包括文理学院的黎锦熙、许寿裳、陆懋德、赵进义、傅种孙、曾炯、张贻惠、岳劼恒、刘拓、张贻侗、金树章、黄国璋、殷祖英等35人，法商学院的沈志远、寸树声等12人，教育学院的李建勋、马师儒、袁敦礼、董守义、齐璧亭、王非曼等15人，农学院的周建侯、汪厥明、虞宏正等16人，工学院的李书田、周宗莲、李仪祉（兼）、魏寿昆、张伯声、潘承孝等22人，医学院的吴祥凤、严镜清等6人。西安临时大学于1937年11月15日开学上课，据1938年2月10日的统计，全校学生总计1472人（含借读生151人）。学生以文理学院（439人）、工学院（386人）、法商学院（279人）居多。

太原失守后，日军沿同蒲铁路南下，侵抵晋陕交界的黄河风陵渡一带，西安东大门告急。国民政府西安行营主任蒋鼎文命西安临大再迁汉中。1938年3月16日，西安临大正式迁离西安。全校千余师生编为1个参谋团，1个大队，下分3个中队14个区队106个分队，每个中队500至600人，先乘火车至宝鸡，再徒步200余公里，过渭河，涉凤岭，渡柴关，翻越秦岭到达陕南汉中。

1938年4月，国民政府行政院第350次会议通过《平津沪地区专科以上学校整理方案》，教育部根据《方案》下令："国立北平大学、国立北平师范大学及国立北洋工学院，原联合组成西安临时大学，现为发展西北高等教育，提高边省文化起见，拟令该校院逐渐向西北陕甘一代移布，并改称国立西北联合大学。"（《国民政府教育部给西安临时大学的训令》，1938年4月3日）在汉中初期，西北联大依然设有6个学院23个系，分布在三县六地。其中大学本部及文理学院设于城固县城考院（有国文系、外国语文系、历史学系、数学系、物理学系、化学系、生物学系），教育学院全部及工学院大部设于城固县城文庙（有教育学系、家政系、矿冶工程学系、机械工程学系、电讯工程学系、化学工程学系、纺织工程学系），法商学院设于城固县城小西关外原县简易师范旧址（有法律学系、政治经济学系、商学系），体育、地理、土木三系和附设高中部设于城固县古路坝天主教堂，农学院在沔县（今勉县）武侯祠（有农学系、林学系、农业化学系）；医学院设于南郑县居民聚居区，不分系。

1938年7月，根据教育部令将西北联大工学院、农学院独立设校。农学院迁设陕西武功（今陕西杨凌），工学院设在城固县城南古路坝。同月，根据国民政府教育部《战时教育实施方案》中关于"中等学校师资，设立师范学院，予以培养"，"师范学院应独立设置，或将大学教育学院改称"等规定，西北联大教育学院改称师范学院。1939年8月，西北联大再次改组，由文、理、法商三学院组建国立西北大学，医学院独立设置，称国立西北医学院，师范学院独立设置，称国立西北师范学院。西北联大从而有国立西北大学、西北工学院、西北农学院、西北医学院、西北师范学院等5校。但这些学校并没有因为分立而缩小，反而得到扩大和发展。

如西北大学按凡成大学者必拥有3个以上学院之规定，将文理学院分为文学院与理学院，法商学院共设3院12系，形成了文学、史学、哲学、经济学、法学、社会学、数学、物理学、化学、生物学、地理学、地质学等完整的高等文理教育体系。1944年9月，西北大学奉命新设边政系。1946年5月，西北医学院（汉中部分）又奉命并入西北大学，改称西北大学医学院。1949年，陕西省立商业专科学校（1941.09—1949）、陕西省立医学专科学校（1938.04—1949.05）、陕西省立师范专科学校（1944.07—1949.05）等并入西北大学，至1949年10月，西北大学已拥有文、理、法、商、医4大学院15系。

西北工学院复汇入东北、中原工学高等教育，形成了土木、矿冶、机械、电机、化工、纺织、水利、航空，以及从本科生到研究生的完整高等工程教育体系，师生共4000余人，是当时国内工科学科齐全、人数最多的一所工科高等学府。

西北农学院由西北联大农学院与国立西北农林专科学校合并而成，设有农艺学、森林学、农田水利学、畜牧兽医学和农业化学等6系和农业经济专修科。1940年增设植物病虫害系、农业经济系，1941年增设农业科学研究所农田水利学部，1946年增设农业机械学系和农产制造学系，形成了农艺、植物病虫害、森林、园艺、农田水利、畜牧兽医、农业化学、农业机械、农产制造、农业经济，以及从专科生、本科生、研究生到职业技术教育的完整的高等农学教育体系。

西北医学院汇入陕甘医学教育，奠定了西北医学高等教育和西北医学科学的基础。

西北师范学院设立有国文系、英语系、史地系、公民训育系、数学系、理化系、博物系、教育系、体育系、家政系、劳作专修科系。还极力从事西北社会教育，大大推进了西北中等教育、小学教育的现代化进程。

抗战胜利后，这些学校除西北工学院、西北师范学院一部分迁回平津复校为北洋工学院、北平师范大学、河北省立女子师范学院以外，所有分出院校皆留在西北，为西北地区构建文、理、工、农、医、师范等较为完整的高等教育体系奠定了牢固的基础。

今天在西北的西安交通大学，汇入由西北医学院发展来的原西安医科大学以及由西北大学法商学院发展来的原陕西财经学院。西北工业大学汇入西北工学院的大部分院系。西北农林科技大学汇入西北农学院的基础。至于西北大学则完全由国立西北大学演化而来，西北师范大学完全由西北师范学院演化而来。此外，西安的不少高等院校均与西北联大有直接源流和传承关系。从某种意义上来说，没有西北联合大学，就没有今天的西北高等教育。

二、西北联大的办学理念和文化传统具有独到的光彩

与西南联大一样，西北联大发展了战时大学联合管理体制。据1937年10月11日国民政府教育部部长王世杰发布的《西安临时大学筹备委员会组织规程》，西安临时大学以教育部、北平研究院、北平大学、北平师范大学、北洋工学院、东北大学、西北农林专科学校、陕西省教育厅等代表组成筹备委员会。王世杰兼任主席，聘任李书华、徐诵明、李蒸、李书田、童冠贤、陈剑翛、周伯敏、臧启芳、辛树帜等9人为委员。不久，又决定西安临时大学不设校长，指定徐诵明、李蒸、李书田、陈剑翛4人为常委，由常委商决校务。其中徐诵明是北平大学校长，李蒸是北平师范大学校长，李书田是北洋工学院院长，陈剑翛是教育部特派员。

西北联大沿袭西安临大制度，也不设校长，由校务委员会、常委商决校务。校务委员会为西安临时大学筹备委员会，常委依然是徐诵明、李蒸、李书田、陈剑翛。后因陈剑翛请辞，教育部复派胡庶华接任常委，同年10月，又派张北海任校务委员。校务委员会作为西北联大的统一领导机构，具有勘定临时大学校址，设置科系，吸收师资，容纳学生，决定已有各种设备之利用及新设备之设置等职能。

西北联大有统一的校训。1938年10月19日西北联大第四十五次校常委会议决议，以"公诚勤朴"为校训。根据黎锦熙的解释，其中"公"是以天下为公，"诚"是不诚无物，"勤"是勤奋敬业，"朴"即质朴务实，表达了西北联大为国家富强和民族复兴不懈奋斗的赤子情怀。西北联大有黎锦熙撰成的校歌歌词。其词曰："并序连黉①，

---

① 黉：(hóng) 学校。

卌①载燕都迥。联辉合耀，文化开秦陇。汉江千里源嶓冢②，天山万仞自卑隆。文理导愚蒙；政法倡忠勇；师资树人表；实业拯民穷；健体明医弱者雄。勤朴公诚校训崇。华夏声威，神州文物，原从西北，化被南东。努力发扬我四千年国族之雄风！"校歌将三校在平津办校40年，各有鲜明特色，在秦陇联合举办文理、政法、师范、农、工、医教育，以"公诚勤朴"为校训，传承民族文明，发扬民族精神的办学目标做了高度概括。

西安临大和西北联大出版有《西安临大校刊》和《西北联大校刊》，现存30期100余万字，包括分出各院校的校刊完整记载了西北联大母体与子体的历史。

特别值得指出的是，在西北联大的迁徙过程中，国民政府逐渐意识到西北联大对"发展西北高等教育、提高边省文化水平"具有重大意义，开始为构建西北高等教育格局做长远考虑。南迁汉中以后，徐诵明、陈剑翛二常委赴汉口向国民政府教育部陈立夫部长汇报工作时，本有继续向四川迁移的设想，而陈立夫指出："西北联合大学系经最高会议通过，尤负西北文化重责，钧以为非在万不得已时，总以不离开西北为佳。"根据国民政府建设西北后方的战略，教育部着手为西北建设完整的高等教育体系，遂有西北联合大学分设为国立西北工学院、国立西北农学院、国立西北大学、国立西北医学院、国立西北师范学院五校之举。对于这一重大战略部署，当时就有姜琦教授指出："民国二十八年（1939）夏，教育部鉴于过去的教育政策之错误，使高等教育酿成那种畸形发展的状态，乃毅然下令改组西北联合大学，按其性质，分类设立，并且一律改称为西北某大学某学院，使它们各化成为西北自身所有、永久存在的高等教育机关。"

---

① 卌：(xì) 四十。
② 嶓冢：古人称汉江源头。

根据国家的需要，西北联大及其分离出的国立五校逐渐形成了扎根西北、传承文明、放眼世界的办学理念。1939年5月2日，西北联大在城固本部举行开学典礼，常务委员的报告即说明："本校现改名为国立西北联合大学，其意义一方面是要负起开发西北教育的使命，一方面是表示原由三校院合组而成。"（《西北联大在城固本部举行开学典礼志盛》，《西北联大校刊》第1期）国防最高委员会委员长蒋中正为西北大学1940年毕业同学会题词："椷朴多材。"教育部部长陈立夫1940年6月曾到国立西北大学视察，并为西北大学第四届同学会题词："学成致用，各尽所长，经营西北，固我边疆。"1941年，西北学会成立大会在西北大学举行，并创办《西北学报》，明确学会以"确立民族自信、加强民族团结、研求精神学术、砥砺个人品性、复兴民族本位文化、促进西北建设"为宗旨。1943年11月，西北大学主办的《西北学术》月刊创刊号出版，校长赖琎指出："国立西北大学创设陕西，吾人远观周秦汉唐之盛世，纵览陕甘宁青新区域之广大，不惟缅怀先民之功绩……故我们要恢复历史的光荣，创建新兴的文化，建设一个名副其实的西北最高学府，真正负起开发大西北的重大使命。"[①]编辑部主任郭文鹤在"发刊词"中也指出："西北大学，为西北最高学府。……今者学校当局，痛感文化使命之重，椎轮大路，先轫本刊，借以发扬我民族之精神，融合现世界之思想，且特别研究民族发祥地之西北数省，以冀对西北建设有所赞益，其意义至深且大也。"它说明，西北大学逐渐明确了"发扬民族精神、融会世界思想、肩负建设西北之重任"的办学愿景，表达了传承中华五千年灿烂文明、融汇世界优秀文化成果、建设祖国辽阔西部的高远追求。而独立出来的西北师院，也在1940年接到国民政府的命令和甘肃临时参议会的邀请后，决定西迁兰州，并于1944年全校迁到

---

① 赖琎：《题词》，《西北学术》，1943（1）：扉页。

兰州办学。西北医学院也在侯宗濂先生的主持下，在 1945 年抗战胜利前夕做好了西迁甘肃办学的准备。

西北联大及其各学校主要是精神上的统一。在临时大学和联合大学期间，虽然西北联大有形式上的统一，但是并不妨碍各院校相对独立地组织教学活动。学生毕业时，发给的毕业证上，都有原有学校公章。1937 至 1939 年，西北联大毕业学生 660 余人，仍发给原校毕业证书。其中北平大学 251 人，北平师范大学 307 人，北洋工学院 39 人，河北省立女子师范学院 11 人，他校转学借读生 57 人。在联合大学分立为五校以后，虽然学校的独立性得到加强，但西北联大各子体之间也保持着密切联系。最先分出的西北工学院与西北大学在近两年的时间共有一位校长。西北师范学院虽然在 1939 年 8 月名义上分出，但直到 1944 年 11 月完全迁往兰州前，一直在城固与西北大学合班上课，90% 以上的教授合聘，共用图书馆等教育资源。西北医学院 1946 年 8 月复与西北大学合并回迁西安。五校联合招生、联办先修班、联办社会教育、联合创建西北学会，甚至联合争取权益，对外共同发声。西北联大"公诚勤朴"的校训为大多数学校所承续，或直接继承（如西北大学），或演为"公诚勇毅"（西北工业大学）、"诚朴勇毅"（西北农林科技大学）。1945—1946 年，国民政府教育部命令国立西北大学分批为西北联大二十七年度、二十八年度两届各院系 160 余名毕业生（借读生、转学生）换发毕业证，这些毕业证书同时加盖有西北联大四常委徐诵明、李蒸、李书田、陈剑翛的签章、所在院院长、国立西北大学校长刘季洪签章和教育部核审章，表明分出各院校在更名七八年后，仍有精神上的联系。

三、西北联大取得了意义深远的教育成就

1937—1946 年之间，西北联大与其子体国立五校形成了 505 名教

授、1489名员工的教职工队伍，培养的毕业学生9257名。

在西北联大与其子体国立五校的教师中，有徐诵明、李蒸、李书田、胡庶华、汪奠基、黎锦熙、马师儒、许寿裳、曹靖华、罗根泽、陆懋德、黄文弼、罗章龙、袁敦礼、虞宏正、张伯声、林镕、沈志远、汪堃仁、魏寿昆、盛彤笙、刘及辰、曾炯、傅种孙、张贻惠、黄国璋、李仪祉、高明等一大批著名学者。学生中有师昌绪、叶培大、傅恒志、史绍熙、吴自良、高景德、张沛霖、李振岐、赵洪璋、涂治、侯光炯、于天仁、王光远等杰出人才。

国文系黎锦熙开创拼音方案研究，编纂多部陕西地方志，所著《方志今议》被奉为现代方志学的"金科玉律"。外文系曹靖华一生致力于传播俄罗斯和苏联文学，号称现代苏俄文学第一人。历史系陆懋德研究中国史学方法成就卓著，其《中国上古史》与《史学方法大纲》分获1941年（第一届）、1942年（第二届）教育部著作发明奖。1939年3月，西北联大师生对汉张骞墓进行了考古发掘，并提出了保护维修方案。吴世昌撰稿、黎锦熙书丹的《增修汉博望侯张公墓道碑记》碑文对此有详细记载。王子云带来教育部西北艺术文物考察团历年间在河南、陕西、青海、甘肃等地搜集的1000余件文物，出版《中国历代应用艺术图纲》等10余部著作，出版西北文物丛刊，开中国艺术考古的先河。黄文弼三次参加西北科学考察团，获得了大量文物，发现西汉纸，首次论证了楼兰、龟兹等古国的位置，填补考古空白。李建勋领导的教育研究机构，分设教育原理、教育心理、教育行政、教材教法4部，开展工作。李建勋主持的《战时与战后教育》，程克敬主持的《师范学校训育》，鲁世英主持的《师资人格》，金树荣主持的《中等学校英语教材及教法之研究》《中等学校毕业生英语写作错误之分析》等，对当时的教育产生了积极作用。

数学系曾炯，以两个"曾定理"和一个"曾层次"闻名，丘成桐认为他是20世纪唯一可与日本数学家齐名的中国数学家。地质系张伯声的地壳波浪状镶嵌构造学说被公认为地质构造五大学派之一。地理系黄国璋是我国传播近现代西方地理科学的先驱，特别对中国古地理学的改造发挥过重要作用。农学院汪厥明为我国农业统计学科的创始人。虞宏正为我国西北地区的农业科学教育事业做出了开拓性工作。医学院蹇先器是中国皮肤性病学科的奠基人之一。林几是中国现代法医学的创始人。严镜清是国内遗体捐献的发起人和践行者。体育系袁敦礼、董守义在1945年联名倡议，首次提出我国申办奥运会。

西北联大及其分立五校的学生中不乏杰出人物。例如师昌绪，1945年毕业于西北工学院，2010年荣获国家最高科学技术奖。赵洪璋，1940年毕业于西北农学院农艺学系，培育出我国小麦推广面积第一的"碧蚂一号"，毛泽东主席多次接见他，亲切地称他"挽救了新中国"，人们也把他和水稻专家袁隆平并称为"南袁北赵"。

四、西北联大集中体现了优秀知识分子共赴国难的民族精神

抗战时期，平、津、冀四校一院，从平津冀沦陷区到西安，复从西安南迁陕南汉中，其中部分力量再从汉中迁西康①、迁兰州。抗战胜利后，一部分再回迁复校，大部分扎根西北。

整个联大的图书馆，刚开始时只有2000多册图书。教育部规定抗战期间教师的工资按"薪俸七折"发放，再加上抗战和通货膨胀的影响，教授只能靠微薄的薪金和"米贴"维持最低限度的生活。学生上晚自习用自制油灯照明。联大常委徐诵明1938年5月2日在联大开学典礼上就明确指出，上前线同敌人作战是救国，我们在后方

---

① 西康，中国旧省名，设置于民国二十八年（1939）。1955年，第一届全国人民代表大会第二次会议决议撤销。

研究科学，增强抗战力量，也一样是救国。师生们不畏艰苦，谱写出我国战时高等教育壮美的诗篇。

在日军入侵、国难当头的大环境下，联大主动适应抗战需要，积极开展抗日救国活动。1938年9月8日，全校组织了734名学生参加了为期两个月的陕西省学生军训活动。史学家许寿裳教授在军训中，还以《勾践的精神》激励学生，李季谷教授讲《中国历史上所见之民族精神》，用"卧薪尝胆""荆轲刺秦"和文天祥的《正气歌》，激发学生爱国情怀。这些活动对振兴联大师生民族精神，发扬爱国主义精神，发挥了积极作用。西北联大有300余师生报名从军抗战。1944年43岁的地质地理系教授郁士元主动要求到抗日前线，被称为"抗战以来教授从军第一人"。

由上可见，西北联大将高等教育体系系统植入西北，奠定了西北高等教育的基础。它从知识、思想、文化等方面促进了西部地区的社会进步，为战后中国西北建设奠定了思想文化基础，为21世纪的西部大开发蓄积了宝贵的人力资本。它凝聚和发扬了中华民族不屈不挠的精神，为中国高等教育的发展积累了宝贵的历史经验。胡锦涛总书记在清华大学一百周年校庆大会上的讲话中指出，我国高等教育凝聚了两大光荣传统：文化传统与革命传统。西北联大以其独特的历史地位和作用，成为20世纪我国高等教育精神传统的生动体现。

国立西安临时大学—国立西北联合大学，是中国高等教育一段很重要的历史。为了使这一重大历史为世人认知，更加全面地了解20世纪我国高等教育的精神传统，传承和创新大学文化，我们钩沉、访谈、复原历史，以学术的形式围绕西北联大的办学历程、教育理念、教育成就展开探讨。

方光华

2016年秋

目 录

综述文章

西北联大对中国现代医学事业的贡献
.... 刘 铨 乔语红 / 3

人物传记

爱国重教 功德永垂
——纪念爱国教育家、病理学家徐诵明先生
.... 杨春德 于炜武 / 87

陕西儿科学的砥柱栋梁
——隋式棠教授生平的几件事 .... 刘 铨 / 101

西北现代妇产学科先驱翘楚
——著名妇产科专家王同观 .... 刘 铨 / 107

西北现代医学教育和医学科学的奠基者
　　——吴祥凤 ………………………… 刘　铨 /116

开创基业泰斗　传承医德风范
　　——西安交通大学第二附属医院创业院长
　　颜守民教授 ………………………… 刘　铨 /123

中国西医皮肤性病学科的先驱
　　——蹇先器 ………………………… 刘　铨 /128

中国药理学科翘楚大家　开拓西北高等医学教育
　　——国立西北医学院首任院长徐佐夏
　　　　……………………………………… 刘　铨 /135

迎接时代新曙光的院长
　　——马载坤 ………………………… 刘　铨 /142

中国现代法医学的奠基人

  ——林几 ················· 秦　风 /148

中西医结合治疗骨伤的创始人

  ——尚天裕 ··············· 秦　风 /160

血吸虫病防治及钉螺研究的泰斗

  ——李赋京 ··············· 秦　风 /170

从抗战军医到医学权威

  ——陈向志 ······················ /183

"奇严怪实"的医学泰斗

  ——记我国神经外科的创始人戈治理 ······· /190

忠于职守的老教授

  ——杨鼎颐 ······················ /199

学高为师　身正为范

　　——记我国著名肝胆外科专家刘绍诰教授
　　………………………………………………………… /210

大骨节病的克星

　　——记我国著名骨科专家殷培璞教授…………陈　锐 /217

视患者如亲人

　　——孟绍菁 ………………………………………… /227

我国第一代医学女博士

　　——王秉正教授 …………………………………… /236

寻访医学抗战旧址　揭秘尘封许久院史 …………刘　铨 /243

综述文章

正文

西北联大对中国现代医学事业的贡献

□ 刘　铨　乔语红

西北联大的全称是"国立西北联合大学",简称"西北联大",是抗日战争期间由多所内迁院校合并、创立的一所综合性大学。1937年,七七事变,平津地区沦陷,北平大学、国立北平师范大学(即现在的北京师范大学)、国立北洋工学院(原北洋大学,现在的天津大学与河北工业大学)和北平研究院等院校于1938年9月10日迁至西安,组成西安临时大学。太原沦陷后,西安临时大学又迁往陕南城固,改名为"国立西北联合大学",至此西北联大成立。西北联大成立之后,学校设置文理、法商、教育、工、农、医六大学院,文理兼备,工农医齐全,成为抗战时期中国西北地区第一大教育基地。时隔不久,西北联大于1939年8月改组,文、理、法商三学院共同组建了国立西北大学,医学院独立设置,改称国立西北医学院,师范学院也独立设置,称国立西北师范学院。至此,西北联合大学分为国立西北大学、西北工学院、西北农学院、西北医学院、西北师范学院5所院校。5校虽分,但仍实行联合办学制,并且皆沿袭了西北联大时期的教育精神和爱国情怀,故而也可看作是西北联大的延伸与发展。西北联大在中国发展史上,无论是在教育、抗战,还是在现代化进程方面,都有着很大的贡献。其中,西北联大医学院在中国抗日战争胜利和医学现代化进程中,有着举足轻重的作用,甚至可以说,西北联大医学院是中国现代化医学的源头。

一、现代医学传入之前中国的
公共卫生医疗状况

现代医学，是西方近现代医学的简称，指西方国家在经历了资产阶级革命、科学技术革命之后，以解剖学、生理学、病理学、微生物学为体系而重新构建的不同于西方古代医学的新的学科体系。其后，欧洲文明开始向世界各地扩散，现代医学作为文明的成果之一也随之传入世界各地。19世纪初，现代医学开始传入中国。在此之前，中国的医学主要以传统医学为主，即现在所谓的中医。

当然，中医这个词汇，是相对于西医而言的，传统中国医学中并没有中医这个词，其主要是指以中国汉族劳动人民创造的传统医学为主的医学。中医以阴阳五行作为理论基础，将人体看成是气、形、神的统一体，通过望、闻、问、切四诊合参的方法，探求病因、病性、病位，分析病机及人体内五脏六腑、经络关节、气血津液的变化，判断邪正消长，进而得出病名，归纳出症型，以期使人体达到阴阳调和而康复。几千年以来，中医在中国历史上发挥了积极的作用，对于一些疑难杂症、大规模传染性疾病的抑制方面，有很大的作用，而且中医治疗在于希望可以协助恢复人体的阴阳平衡，从整体上、内因上、系统地解决人体的疾病。

但同样的，中医也有很大的弊端，一则没有完整的体系，难以系统地被继承下来；二则中医对学医者的天资、天分要求非常高，难以规模性培养传承；三则中医术语艰涩，阴阳五行等体系难以理解，令多数学医者望而却步；四则中医兼有中国传统巫术的特点，很容易被心术不正之人利用，造成中医的负面影响；五则中医见效较慢。凡此种种，都是中国传统医学没落的重要原因，也是西方现代医学传入的重要背景条件。

而在此之前，我们先来了解一下现代医学传入前中国的医疗卫生状况，主要表现在以下几个方面：

(一) 医学科学无具体细致的分科

中医强调整体观念和辨证施治，因此是不分科的。传统郎中的行医问诊，在很长一段时间里，并不是以某一个专科而出现的，也就是说，不管患者身上哪儿不舒服，找一位合格的中医基本上都是能给予治疗的。例子很多：

被称为"神医"的战国名医扁鹊（秦越人），擅长各科，能够治疗包括内科、外科、妇产科、儿科、五官科在内的很多疾病。据《史记》记载，扁鹊到过好多地方行医，所到之处，他都能根据当地的实际需要行医。扁鹊到邯郸时，了解到这里妇女患病较多，于是就做了"带下医"（妇产科医生）；在洛阳时，看见当地许多老年人，患了视听力衰退的疾病，便主要从事老年人病症的治疗，多医治耳、眼等五官病症（五官科医生）；到咸阳后，他又根据当地小孩发病率较高的现状，做了"小儿医"（儿科医生）。而在具体的治疗上，扁鹊不仅精通针灸（扁鹊在抢救虢太子的过程中，运用了针刺百会穴之法），还善于用砭石、熨帖、按摩、手术、汤药等方法。

西汉名医淳于意，开"诊籍"（类似于西医的病历）之先河。而他的病例中，包含了内科、外科、伤科、妇科、产科、小儿科、牙科等多科，也是一名身兼各科的多面手。

再如东汉末年的名医华佗，是外科专家，但根据《后汉书·华佗传》中记载的医治案例，也可以看出其亦兼治内科、妇科、小儿科等疾病。比如，华佗治好了李将军之妻的产科疾患，医好了路遇患者的咽喉病，又利用喜、怒、忧、思等情志调理之法，治愈了某郡守的疑难病症。

虽然，早在《周礼》中便将中医分为食医（管理宫廷饮食调配）、疾医（相当于内科）、疡医（相当于外科）和兽医四科。但实际上，这样的分科是没有充足的理论依据的，仅仅是从皇室需求的目的出发，为了便于进一步管理，才有此划分之举。更准确地讲，此四科的划分更像是皇宫里不同职能部门的设置（仅限于官方机构，民间的郎中、药铺则不在此例），而并非是对医学体系的合理划分，当然，也无此必要。

现今生活中，遇疾而求中医者也不在少数。有些医院、诊所的中医坐诊是不分科的，患者只需挂号、就诊即可；当然，也有划分好科室的，患者依据症状或进行咨询后对应挂号。笔者以气滞为例，往上可以头疼；上焦可以咳嗽；中焦可以胁痛；下焦可以腹痛；上肢可以胀；下肢可以疼；走了皮可以麻木；入了经络可以窜痛；还可发为郁症。如果患者临床症状为咳嗽、腹痛腹胀，比照现代医学，得去内科；如果表现为头痛、麻木则该找神经科；而如果发为郁症，则又该挂号精神科。那么对患者来讲，不管你就诊前进不进行分科挂号，在实际的医治过程中，还是要整体观之，辨证施治的。所以，中医的分科没有实质上的意义。

现代医学传入之前，基本状况均是如此。

（二）医学教育没有自上而下完整的体系

关于中医的承袭，魏晋之前，是没有官方教育的。医技之传承主要还是以师承相授为主的。魏晋之后，各朝开始设立专门的医学教育机构，包括中央、地方都初具了完备的规模设置，但是在实际的运行上，往往因为统治者的主观喜好、个人需求而很难稳定持续地发展。因此，中国传统医学传承的实际支撑是师徒传承。

纵观古代名医，脉学之祖扁鹊、外科之祖华佗、医圣张仲景、药王孙思邈、幼科鼻祖钱乙、法医之父宋慈等，多不是出自官方医学教育体系。这说明,在古代社会,"师徒相授"占据着主流的教育模式,并在古代医学传承体系中发挥着十分重要的作用。

古代民间的师徒相传基本上有两种情况:一种是投师学艺。如戴元礼、王履投师朱丹溪,罗天益投师李东垣,淳于意投师公孙光、公乘阳庆,后来他们都成了一代名医。这种培训方式造就了很多医生,为中医学不同流派的产生发挥了基础性的作用。另一种是技艺家传。一方面,传统医学更为讲究门派之别,特别注重"秘不外传"的规矩,医生不愿将自己的绝技外传,只希望它能世代沿袭;另一方面,生长于中医世家的子弟,会有一个比较便利的环境,从小对医学耳濡目染,久而久之都会有潜移默化的作用。通过这种方式培养的医生也不少,如南北朝时期的著名医学家徐之才,其先祖徐熙、徐秋夫、徐道度、徐叔响、徐嗣伯、徐謇、徐文伯、徐践、徐雄等皆为名医。徐氏一门六代,以医业家传,学贯南北,是当时极有名望的医学世家。

除此之外,还有自学成才的。读某人所著的医书,称为"私淑"某人。如张子和私淑刘河间、张景岳私淑李东垣等。

当然,古代医生的选拔方式在很大程度上导致了师承传习的教育方式。古代官方医生,主要通过选拔医药世家的子弟来充任,或由其他官员推举担保;民间的医生则以江湖郎中为主。这种无序不规范的选拔及医事制度与传统医学保守狭隘的师徒相授的"教育方式"有着互为因果的关系。

师徒相授,在程序上无组织无规定,物质上无官方支持与资金的投入,在民间也没有约定俗成或者习惯常化的秩序,加之传统医学相授的保密性,使其的流行传承在规模、质量上受到了极大的限制。正如近代著名医师伍连德所说:"数千年来,吾国之通病,偶有所得,秘而不宣,则日久渐就湮没。"

因此,传统医学七零八落的延续继承方式已然谈不上是一种自上而下的成体系的"教育方式"。

（三）看病求医没有正规的医疗机构

西汉元始二年（2），黄河一带瘟疫流行，汉平帝刘衎便选了一个有较大屋子的地方，设置许多医生和药物，免费给老百姓治病。

东汉延熹五年（162），皇甫规作战于甘肃陇坻一带，军队遭逢疫病流行，死了很多士兵，因此皇甫规租赁了大批民房作为"庵庐"，购置医药，把病员都集中起来一起治疗。

南齐永明九年（491），吴兴一带疫病流行，竟陵王萧子良拿出了自己的住宅，设医置药，收养贫病。

北魏太和二十一年（497），孝文帝（元宏）在洛阳设立"别坊"，派了四个医生，买了许多药物，凡是贫穷害病无力医疗的，都可以在这里来就医。

北魏永平三年（510），南安王（拓跋余）命令他的太常官选择有宽敞房屋的地方，派遣医生，备办药品，凡是有疾病的都住在里面治疗。

唐朝的医院都叫作"病坊"（大多设在庙宇里），大约在开元二十年（732）就有此名称了，不仅长安、洛阳这样的大城市有，其他各州亦有此设立。

宋朝的"安济坊"，领导由官方派遣，设备器用一律由医院供给，员工有乳母、女使（有点像现在的护士），而且对治疗效果提出了要求。

同时，宋朝还成立了有医有药的门诊部（初叫卖药所，后改为和剂局），方便了群众的治疗。

元朝和明朝，门诊部得到了发展，尤其明朝，几乎各县都有一所官办药局，通称"惠民药局"。

从以上医疗机构的大致发展状况来看，传统医学中的救治机构是存在的。唐之前的救治机构多有临时性（如汉平帝针对瘟疫设立的治所、皇甫规在军中设置的治所）和慈善性（如南齐竟陵王萧子良的贫病收养所、北魏孝文帝设的"别坊"、北魏南安王设的治所等）的特

1938年3月，山西临汾失陷，关中门户潼关告急。为策划安全防备，3月2日，国民政府军事委员会委员长西安行营主任蒋鼎文命令西安临时大学向汉中撤退。此为西安临时大学奉命内迁汉中时，师生徒步翻越秦岭。

点，唐之后的有公私合办的，也有官方独办的，但是，这种救治机构毕竟只是少数，主要服务于皇室及各地的官员豪吏，平民百姓有病的话，很难得到官方医疗机构或者由官方培养出的医生的治疗。更多的，是请郎中上门就诊，或者是从他处得来一些方子，照着方子抓药即可。

（四）无公共卫生概念和体系

中国公共卫生事业得益于来华传教士在19世纪末20世纪初的关注及推动，其后渐次发展，形成体系。在此之前，中国社会谈不上有什么真正的公共卫生概念或意识。当然，现代医学传入（19世纪初期）之前，更不可能具备了。

现代医学传入之前，中国城乡的公共卫生情况是十分糟糕的，首先，卫生意识薄弱。不夸张地讲，19世纪之前的中国乡村，尤其是偏远乡镇农村的村民们，是没有良好的卫生习惯的。那些时候，没有饭前便后洗手的讲究，没有常洗澡、常剪指甲的习惯（当然，客观条件似乎也不允许），感冒发烧也没有必须就医的行为，甚至生产小孩，也是在自己家中，自请接生婆就完成了，人们来不及顾虑用来剪断脐带的剪刀是否一定消毒干净，也没想过自家待产万一发生意外将如何面对，想着的就是迎接小生命。其次，城镇乡村居民的生存环境比较恶劣。近代以来，中国的江南小镇，污水横流，乱排入河；尿桶乱放、垃圾乱扔，更有甚者随地大小便。大城市也是如此，郑观应曾对上海华界恶劣的卫生状况叹息道："余见上海租界街道宽阔平整而洁净，一入中国地界则污秽不堪，非牛溲马勃即垃圾臭泥，甚至老幼随处可以便溺，疮毒恶疾之人无处不有，虽呻吟仆地皆置不理。唯掩鼻过之而已。"帝都北京的卫生状况同样恶劣："今京师为首善之区，而地方之污秽以京师为最，人畜之类，堆积于道，晴则碾成细末，大风一起，扑人口鼻，不可向迩，雨则与泥沙融成一片，至不可插足。"街道上到处堆积着长时间淤积起来的脏物，空气里充满了难闻的气味。

这种不良的习惯、现状并非一朝一夕形成的，而是千百年来惯常如此而形成的积重难返、根深蒂固的东西。

总而言之，在现代医学没有传入以前，中国主要以传统医学为主，虽然有一些积极因素，但是由于中国传统医学的限制和弊端，导致这一时期中国医疗状况较差，卫生观念薄弱，医疗体系不健全，中国人的身体状况也不容乐观。

二、现代医学传入中国的过程

现代医学的最初传入是由传教士完成的。始于19世纪初，至19

世纪七八十年代，西医院已经遍布中国各地，整个过程呈现出从沿海扩散至内陆的大方向。

中国人与西医技术的第一次接触是 1805 年英国医生皮尔逊在广州推广的牛痘接种，但真正与西医院的首次接触是在 1820 年，当时英国传教士马礼逊在澳门开设了一家眼科诊所，使得西医院在中国创办的进程拉开了帷幕。紧接着 1835 年，毕业于耶鲁大学的专业医师伯驾在广州新豆栏开办了广州眼科局，利用其福利性质及先进专业的眼科技术，吸引了很多病人。1839 年，英国医学硕士合信在广州开办了惠爱医馆，求医者众多，可谓门庭若市。

此后，来华传教士渐渐增多，其创建的西医医院或诊所的范围也从澳门、广州推广到香港、厦门、福州、宁波、上海等更多通商口岸。第二次鸦片战争后，西医院推广的范围再一次扩大到各沿海、沿江城市并开始向广大的中国内陆扩散。西医院遍布中国各地只用了数十年，而进入 20 世纪后，教会医疗在中国的发展达到了一个新阶段，主要表现为在教会医院的影响下，中国政府和人民也相继自发开办了西式医院，而且数量比较可观。请看笔者摘自中国社会科学出版社出版的《中华归主——中国基督教事业统计（1901—1920）》中的一个表格：

各省教会势力范围中之教会医药事业表

省区	医院	药房	省区	医院	药房
东北	25	24	浙江	19	8
直隶	28	11	安徽	7	14
山东	2	29	江西	22	18
山西	41	39	河南	2	2
陕西	4	2	湖北	0	3

续表

省区	医院	药房	省区	医院	药房
江苏	26	3	湖南	0	9
福建	3	36	贵州	4	18
广东	12	21	云南	10	8
广西	11	9	内蒙古	18	6
甘肃	11	3	新疆	9	9
四川	12	28	西藏	1	0

到1920年，全国的西式医院共有326所，药房共有244处。现代医学就这样传入了中国。

在现代医学传入之后，中国医学出现两个明显的变化趋势：

第一，是一些现代医学性质的教育院校逐步建立起来。从现代医学传入到抗日战争前期，中国出现了许多以现代医学为主的培育机构。其实，最早的西医教育机构，是外国人嘉约翰于1866年在广州博济医院内设立的"博济医校"，开始培养现代西医人才。1879年，"博济医校"从博济医院中分离出来，正式更名为"南华医学校"，专门从事医学教育工作，孙中山先生就曾在此处学医。1904年，南华医学校改名为华南医学院，1936年，成为岭南大学医学院，为后来广州中山医科大学的前身。

与此同时，国人自办西医学院也逐渐兴起，从现代医学传入到抗日战争前期，中国开办了许多西医学院，如1884年在江西成立的江西医药专科学校，1909年在山东成立的齐鲁大学医学院，1912年在浙江成立的浙江医药专科学校、在江苏成立的南通大学医学院、在北平设立的北平大学医学院，1914年在湖南开办的湘雅医学院、在四川开办的华西协和大学，1928年在河南开办的河南大学医学院，1931年在云南设立的云南军医学校，1932年在山东设立的山东医学专科学校等。这些现代医学学校的开办，培养了众多现代医学人才，为中国现代医学的发展，做出了重要贡献。

其中，我们着重讲一下北平大学医学院的发展始末，即西北联大医学院的前身。其最早可追溯至京师大学堂所设置的医学事业馆。

源于 19 世纪的国门洞开、欧风东渐，西方近代科技渐被国人接受，西方近现代医学开始进入中国。在此风潮的影响下，1898 年 6 月 11 日（清光绪二十四年），光绪皇帝颁布《明定国是诏》，宣布变法。7 月 3 日，作为戊戌变法的"新政"重要举措之一，光绪皇帝正式批准设立京师大学堂，并谕管学大臣孙家鼐："医学一门，所关至重，亟应另设医学堂，求考中西医理，令大学堂兼辖，以期医学精进。"

1903 年，京师大学堂设立医学实业馆。此时医学馆以中医为主，兼习西医，聘有中医内科教习 1 人，中医外科教习 1 人，西医教习 1 人，西医助教 1 人。讲授中西医学，并诊治病人。

1904 年，医学实业馆改称医学馆，迁入和平门外八角琉璃井由兴胜寺庙宇改建的馆舍。戊戌变法百日失败，诸法皆废，而京师大学堂以"萌芽早，得不废"。1900 年 6 月 17 日，八国联军侵华战争爆发，8 月 3 日京师大学堂被下令停办，8 月 14 日，八国联军进入北京，京师大学堂校舍被占，图书设备被毁。医学馆于 1907 年停办，馆舍被施医总局（当时的卫生部门）买去，学生全部送往日本。医学馆虽只办了四年，但为之后创办国立北京医学专门学校提供了借鉴和条件。

从戊戌变法到辛亥革命，学习西方先进的科学技术和教育体制的新思维、新观念成为流行风潮。1912 年 1 月 1 日，中华民国临时政府成立后，民国政府教育部也决议改订清末学制，推行新式教育体制，建立新式学校。1912 年 9 月，教育部电召从日本留学归来正在筹建浙江省立医学专门学校的汤尔和到京，令其筹划创立医学校，教育部以价银 10000 两从施医总局购买了原医学馆馆舍，划拨为校址，拨"开办费 800 元，每年年度经费定为 44655.30 元"，用于修缮校舍，购买器具，并"接收教育部旧存书籍、药品、仪器、模型等数件"。10月16日，教育部签发命令，任命汤尔和先生为国立北京医学专门学校校长，26日颁发国立北京医学专门学校印章。

1912年10月26日，国立北京医学专门学校正式成立。1913年1月，学校从京沪两地招考的72名第一届新生到校。1月20日，国立北京医学专门学校举行第一届开学典礼。汤尔和在开学典礼上以"促进社会文化，促进文明，减少人们痛苦，用学术来和列强竞争"定位学校之办学目的。在体制和课程设置上不搞中西汇通，坚持只办西医院校。至此，中国政府教育部依靠中国自己的力量开办的第一所专门传授西方医学的学校正式诞生了。

建校后，汤尔和制定了中国第一个《解剖条例》，呈文教育部，于1913年11月获准公布，这是北京医学专门学校对中国医学教育的一大贡献，使中国的医学发展真正建立在科学的基础上。最初聘定的教职员均是先后从日本留学归来的医学生，如周颂声、葛成勋、陈魏、孙柳溪、朱其辉等，并聘请部分日籍教授执教，如解剖学教授石

国立北京医学专门学校

川喜直，病理学教授村上庄太，解剖学教授池上馨一。学校参照教育部1912年11月颁发的《医科专门学校规程令》制定规程，建立教学组织、确立课程设置，并逐步设置了组织学实习室、解剖实习室、化学实习室、细菌学分教场、病理组织实习室、病理解剖实习室等教学组织。教学上基本照搬日本模式和教材，教员进修目的地也多选择德国和日本的名校，学制为四年，即所谓"德日派"模式。之后，葛成勋、周颂声、洪式闾、张黼卿先后出任校长。1917年，北京医学专门学校首批22名学生毕业，其中包括后来成为著名寄生虫学家的洪式闾、著名药理学家的徐佐夏、著名组织胚胎学家的鲍鉴清和陶瓷学家、摄影家的陈万里等。国立北京医学专门学校是民国早期九所著名"国立"高校之一。到1927年已有教授16名，讲师15名，助教9名和助手10名，共培养出了11届363名毕业生。在当时全国16所主要医学院校中，是得到经费最少而培养的学生最多的学校。这批人毕业后分散到全国各地，为促进中国卫生事业及医学教育的发展起到了重要的作用。它点燃了中国人依靠自己力量发展现代医学教育和医学科学的火种。

1915年2月，经教育部批准，国立北京医学专门学校成立诊察所（诊察所在1927年扩充为国立北京医科大学校附属医院），教育部将购置前施医总局的全部房屋拨给以供使用，为学生提供临床课实习基地，设有外科手术室、内科检查室、施诊病室、一二三等病室。8月，国立北京医学专门学校再设产婆养成所，这是我国最早的国立助产教育学校。1920年，更名为助产讲习所，到1922年先后毕业学生125名。

1923年9月，国立北京医学专门学校奉命改建为北京医科大学校，学制改为六年，学制分预科、本科两级。预科两年、本科四年。是我国最早改为六年制的医学校。

1927年，北京医科大学校改名为"国立京师大学校医科"。当时奉系军阀张作霖率安国军进入北京，张作霖颁布大元帅令，将当时北京九所国立高等学校合并为"京师大学校",由奉系军阀刘哲任校长。规定原国立九校除北京大学分为两个科外,其余各校均为大学校的一个科,因此,北京医科大学校改名为"国立京师大学校医科",教育部任命耳鼻喉科教授孙柳溪为医科学长。

1928年4月,国民革命军北伐进逼京津,奉军全线崩溃。6月2日,张作霖离开北京,撤回东北,在皇姑屯被日本人炸死。为避免残余军阀再图在北京起野心设政府,国民政府6月以中央政府名义令改"北京"为"北平",使其不再成为"京师"。同年,京师大学校改组为国立北平大学,京师大学校医科改为国立北平大学医学院,徐诵明任院长。

为了满足医疗和临床教学的需要,国立北平大学医学院欲将诊察所扩充为附属医院,原后孙公园校舍地方狭小,医学院乃请拨地处西单以北背阴胡同空闲的审计院旧址为医院院址。但北平当局置之不理,迫不得已,徐诵明院长和师生冒着风雪,经坐以待旦的数次请愿

北平大学医学院附属医院迁入的背阴胡同

后，当局于1929年4月同意将背阴胡同前审计院房屋拨给医学院作为附属医院院址。从此，医学院有了百余张病床的教学医院，规模和水平都有了长足的发展。1930年，徐诵明任北平大学校长后，根据组织大纲的规定，由各科主任投票选举内科教授吴祥凤任医学院院长。

至抗战爆发前，国立北平大学医学院及其附属医学的沿袭即是如此。由于七七事变的爆发，为保平津地区高等教育之有生力量，北平大学、北平师范大学、北洋工学院等院校迁至西安，组成西北联大。而其中北平大学医学院及其附属医院，则是组成西北联大医学院的主要力量。

第二，是现代医学从中国沿海逐步延展到内陆地区。现代医学的发展，是随着西方传教士进入中国的，故而先前所开设的医院、兴办的学校，也多以沿海地区为主，而随着中国自主兴办医学院校的发展，现代医学逐渐从沿海地区传入中国内地，这从上述中国自主开办医学学校的时间可以知道一二。而且这一时期，政府也积极参与西医

北平大学医学院校徽

的推广和内陆地区省县级医疗卫生体系的建立。以陕西为例，1931年成立的陕西省立医院，设有内科、外科、妇产科、皮肤花柳科、小儿科、皮科、齿科、耳鼻咽喉科、精神病科、检查科、理疗室；1932年建立了陕西卫生防疫处，主要负责传染病的治疗诊断及预防等，其下设制造科主要生产霍乱菌苗、牛痘疫苗、狂犬疫苗等。由此可见，中国内陆地区，已经开始有了一定的现代医疗体系。

虽然在这一时期，中国现代医学有了较大的发展，西医也逐渐为人所接受，但是总体而言，这一时期的医学教育机构和大型医院，主要处于沿海地区，广大的内陆地区，医学院寥寥无几。其中，尤以中国广袤的西北地区为主。

三、西北联大迁入西北前中国西北地区的医疗卫生状况

1937年七七事变爆发，由北平大学、北平师范大学、北洋工学院、北平研究院等院校联合成立的西安临时大学迁至西安，后又在1938年内迁汉中，为西北地区带来了高等教育及医疗卫生事业的大发展。而在此之前，西北地区的医疗卫生状况是比较糟糕的。

首先，没有正规、普遍的医学教育体系。抗战前西北地区高等院校寥寥无几，至新中国成立前所建设的12所院校，都是在西北联大迁入西安（1937）之后。毫不夸张地说，西北联大内迁之前，西北地区的医学教育院校基本是空白的。

其次，没有形成大规模、全范围的医疗卫生体系。从第11页"各省教会势力范围中之教会医药事业表"可知，至1920年，西部地区是有医院诊所建立的，陕西医院4所、药房2处，甘肃医院11所、药房3处，新疆医院9所、药房9处，青海、宁夏均没有医院、药房的设置。依现有史料，笔者无法查清当时医院的规格、规模及具体运行

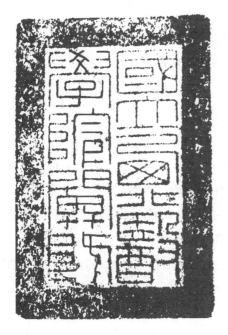

国立西北医学院关防，
1939年8月启用

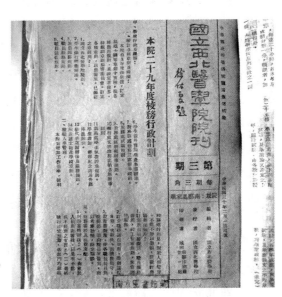

国立西北医学院院刊，
1941年2月第三期

状况。但显而易见,对于西北五省近300万平方公里的辽阔大地而言,几所医院显然不能支撑起西北整个区域医疗卫生事业的开展。所以,相对于中国广袤的西北大地而言,缺少遍及全地区、规模化的医疗机构。

最后,缺少专业的医务人员,尤其缺少专家级医学人才。西北自古荒芜,专家、学者也都不太愿意来此科研或工作。另一方面,即使有高风亮节之士愿意前来,也没有他们的"容身之地"。因为没有院校,没有科研院所,什么都没有。所以,相对而言,西北地区既缺乏专业的医务人员,更缺少专家级的现代医学人才。

当时的西北地区,就是这样一个状态,西北地区医疗卫生水平极度薄弱。当然,百姓们的健康状况也非常低下。据黎锦熙民国三十三年(1944)纂修的同官(今铜川)、洛川、黄陵及宜川等县志,宜川县的平均寿命仅24.8岁,铜川县为40岁左右,1944年是如此情况,更不用说七七事变爆发前的状况了。

所以,在中国西北地区,抗日战争爆发前的这一段时期的主要情况,可以归结为以下三点:一则有医院,但是规模较小,而且主要位于大城市,大部分百姓享受不到这种医疗服务,没有实现城乡一体化;二则虽然有医学培育机构,但是规模较小,而且不正规,没有一个系统的、正规的医学培育基地;三则是没有名医,现代医学人才也多不愿在此逗留,人才匮乏。整体而言,七七事变之前,中国西北地区的医疗状况较差,根本无法与沿海等地相比。这一情况,直到西北联大建立以后,才有所改善,可以说,中国西北地区卫生医疗状况的改变,是随着西北联大医学院的设置开始的。

四、新中国成立前西北联大医学院的发展历程

西北联大迁入西北地区后,西北地区整体的医疗卫生状况得到了

很大的改善，包括医学院、医院的从无到有，医学研究专家、医学技术人才的来到及成长等，很多方面都具有突破性的意义，甚至在全国范围内，西北联大医学院也有很重要的贡献。但所有这些开创之举发生有一个前提和基础：就是西北联合大学医学院来到西安（后迁汉中）。所以，笔者以为很有必要了解清楚西北联合大学医学院的发展脉络。即它从哪儿来，最后去向哪里。如此，西北联大医学院为何内迁西安，又是如何内迁的，便会一目了然。

（一）西北联大医学院内迁始末

1937年7月7日，日军突然向驻宛平卢沟桥的中国守军发起进攻，继而炮轰宛平城，遭遇中国军队奋起还击，震惊中外的卢沟桥事变爆发，抗日战争进入全民抗战阶段。然而，由于日军施以欺诈诱哄阴谋和军事高压手段，同时积极调兵增援，而华北军事当局的战和不定与暧昧迟疑、和平幻想和决策失误，给予日军可乘之机。7月8日，日本军队封闭燕京大学，日本宪兵抓走校长司徒雷登及师生20多人，校舍随即被作为军营。1937年7月29日，天津失陷，北平沦陷，与此同时，日军开始了更为疯狂的文化教育侵略，平津地区很多所高等院校都被轰炸为一片废墟。消息传开，全国震动。随后不到一个月，国立北平师范大学数理学院和文学院分别成为日军的警备司令部和空军司令部。北洋工学院也被日军驻军，北京大学、清华大学等平津地区许多学校都成了日军驻扎的兵营和毁灭骚扰的目标，许多珍贵图书、仪器和校舍被破坏损毁劫掠。一些有抗日倾向的爱国师生成了日军监视和抓捕的对象，风雨如晦，人心惶惶。

民族危亡之际，挽救平津地区高等文化教育、保卫中华文化根基迫在眉睫。1937年11月5日，中央研究院院长蔡元培、北京大学校长蒋梦麟、南开大学校长张伯苓、清华大学校长梅贻琦、同济大学校长翁之龙、中央大学校长罗家伦、中央研究院院长傅斯年等102名名人联合发表《日本破坏我国教育机关之事实声明》称:"北自北平,南至广州,东起上海,西迄江西,我国教育机关被日方破坏者,大学、专门学校二十三处,诚所谓,中国三十年建设不足,而日本一日毁之有余也。"声明中揭露了日军破坏中国教育机关的罪行和动机,就是要从教育文化的根本上灭亡中国,提出了"教育为民族之本"的口号,要求国民政府采取果断措施,将一些高校迁往内地办学。在文化界众有识之士的共同努力下,国民政府开始将保护民族教育文化上升到国家战略层面进行考量,并立即召开了国防最高会议参议会会议商讨研究。1937年8月,国民政府教育部颁布《设立临时大学计划纲要草案》,宣布:"政府为使抗战时期优良师资不致无处效力,各校学生不致失学,并为非常时期训练各种专门人才以应国家需要起见,特选定适当地点筹设临时大学若干所。"9月,教育部发出了第16696号令,正式宣布:"以北京大学、清华大学、南开大学和中央研究院的师资设备为基干,成立长沙临时大学。以北平大学、北平师范大学、北洋工学院和北平研究院为基干,设立西安临时大学",以"收容北方学生,并建立西北教育良好基础"。教育部还要求迅速赴当地选址,尽快组织师生撤出平津地区前往新校址开课。当月西安临时大学即开始组建。10月11日,教育部长王世杰以第17728号训令颁发《西安临时大学筹备委员会组织规程》训令:西安临时大学不设校长,以教育部部长为主席,由八名委员组成西安临时大学筹备委员会,以常委会代行校长职务,北平大学校长徐诵明、北平师范大学校长李蒸、北洋工学院院长李书田、教育部特派员陈剑翛4人为常务委员,商决学校重大事宜。规定筹备委员会主要任务为:校址之勘定、经费之支配、院系之设置、师资之遴聘、学生之收纳、建筑设备之筹置等,临时大学下设秘书处、教务处、总务处。全校设立文理、法商、教育、工、农、医6个学院,23个系。

时任北平大学医学院院长的吴祥凤在接受教育部训令后,立即召

1937年，签字同意北平大学医学院内迁的同人在北平石驸马胡同合影

集医学院教授们商讨西迁办学事宜，吴祥凤、王同观、王晨、蹇先器、颜守民等教授当场同意。随后，北平大学医学院及附属医院的部分师生冒着枪林弹雨及被捕的危险，历经波折，前往西安。

平津三所院校先后到达西安的学生共1553人，教师共159人。因一时间大批师生拥入，西安临时大学无法容纳，故分为三院，北平大学医学院被划分为西安临时大学第三院，位于西安北大街通济坊的楼房内。

1937年11月1日，西安临时大学正式开学，5日正式上课。截至1937年年底，学校学生共计2472人，其中医学院86人。

为了有一个长期稳定持久的教学环境，西安临时大学筹备委员拟在西安建立新校址，但1938年3月，山西临汾失陷，日军进逼风陵渡，关中门户潼关告急，日机又屡屡侵扰轰炸西安，拟建新校址的计划落空，西安失去了办学环境与条件。后国民政府军事委员会委员长

1937年，西安临时大学第三院校址在西安市北大街通济坊

西安临时大学筹备委员会关防
1937年9月

西安行营主任蒋鼎文命令西安临时大学向汉中撤退，经过勘察，1938年3月16日，西安临时大学开始撤离西安。撤离的全校师生分为三个中队，先乘火车到达宝鸡，然后按计划分队沿川陕公路徒步行军，涉渭河、越秦岭、渡柴关岭，历时十余天，跋涉250多公里。1938年3月31日，大队师生首先抵达汉中褒城。

1938年4月，西安临时大学改名为西北联合大学。

此举是国民政府为长期抗战稳定人心和保证文化教育在内地得以持续发展而出台的一项长远政策。国立北平大学、国立北平师范大学及国立北洋工学院这三所平津地区的大学以联合办校形式，开始了在西北地区长达八年艰苦曲折、坚韧不拔的办学历程。

国立西北联合大学照壁

（二）内迁之后到新中国成立之前西北联大医学院的发展过程

西北联大成立后，在西北乃至全国都产生了重要影响，但是不久后，西北联大就又被分为5所院校。

1938年7月，根据教育部令，西北联大工学院、农学院相继独立，西北联大教育学院改称西北师范学院。时隔不久，1939年8月，西北联大再次改组，文、理、法商三学院共同组建了国立西北大学，医学院独立设置，改称国立西北医学院，师范学院也独立设置，称国立西北师范学院。至此，西北联合大学分成国立西北大学、西北工学院、西北农学院、西北医学院、西北师范学院5所院校。5校虽分，但仍实行联合办学制。

抗战胜利后，西迁的师生们纷纷要求复校北平。教育部始以发展西北高等教育和科学为由不予批准，后经北平师范大学校友总会、西北师范学院复原委员会的停课、请愿，1946年1月，经教育部同意，北平师范大学在北平正式复校，称"国立北平师范学院"；同时，教育部下令北洋工学院复校，留在西安的西北工学院最后发展为西北工业大学。而原北平大学医学院最终未能复校北平，主要是鉴于西北之重要，教育部早有计划为西北设置一永久完备的医科大学，故复校之事，不被批准；再则可能与徐诵明、蹇先器、徐佐夏等有影响力的教授先后大批离开，西北医学院对上缺少话语权，对下缺少有力鼓动组织者，或是当年与教育部的过节还未消弭，教育部部长朱家骅始终不予首肯有关。

1946年8月，教育部电令：自三十五年度（1946）起，国立西北医学院汉中部分并入西北大学，改称国立西北大学医学院，侯宗濂仍任院长。西北大学即派员接收国立西北医学院（汉中部分）财产、文卷及学生，并着手迁移西安。中旬，国立西北大学医学院随西北大学

国立西北大学医学院由汉中迁到西安崇礼路（西五路）

迁设西安，医学院院址设在崇礼路（今西五路西北化学制药厂原址），历时两月搬迁完毕，在西侧再建附设医院。

西北联合大学医学院改名为国立西北大学医学院。1949年8月，陕西省立医学专科学校并入西北大学医学院。

西北联大医学院在新中国成立前的发展过程，便是如此。西北联大医学院的建立，无论对中国西北地区，还是全国的现代医学事业的发展，都起到了巨大作用。

五、抗战爆发至新中国成立前西北联大对中国现代医学事业发展的贡献

前述已经了解抗战前后中国西北地区的卫生医疗状况，而在西北

联大创建以后，西北地区的卫生医疗状况，发生了重大变化，可以说，中国西北地区医疗卫生状况的改变，始于西北联大的创建。西北联大建立之后，开始发展现代医学教育，吸引了众多名师专家，培养了众多医学人才，对中国西北乃至全国现代医学事业的发展，做出了重要贡献。而且在抗日战争中，西北联大医学院也有其独特的贡献。

（一）西北联大对中国西北地区医学事业发展的贡献

首先，正规、高质量的医学院及其附属医院建立起来。随着西安临时大学迁至西安、再迁汉中，平津地区三所很有实力的高等教育学府终于在西北地区落脚。内迁成员北平大学是当时中国规模最为庞大的综合大学，北平师范大学是当时中国最好的师范大学，北洋工学院是当时中国最好的工科大学。值得一提的是，北平大学医学院也是中国当时著名的医学院校，名气很大，而其附属医院在北平地区是仅次于协和医院的一所设备较为完善、技术力量先进的医院，被京城百姓称为"平大医院"。这些优势资源全都随着西安临时大学的成立来到西北。

西安临时大学迁移汉中后改组为西北联合大学，体制仍沿袭前制，不设院长，由校务委员会议、常委会议商决校务。常委仍由原三校校长徐诵明、李蒸、李书田担任，教育部特派员换为胡庶华。西北联大开始着手制定和完善一整套严格正规的学校各类章程、组织和办事程序，如建立导师委员会、仪器设备委员会、学校建筑设备委员会、警卫委员会等机构，制订课程标准、学生管理办法等，并为分立后的各校所沿袭。医学院（也就是原来部分内迁陕西的北平大学医学院及其附属医院的所有师生及医护人员）更名为西北联合大学医学院，蹇先器任院长。

为便利民众诊病，医学院设在人口较为集中的南郑县，始借汉中联立中学（今汉中中学西侧汉南书院）部分校舍为学生教室，后租赁

西安市北大街通济坊

1938年3月,西安临时大学医学院暂借汉中联立中学(今汉中中学西侧汉南书院)校舍上课

城固石牌楼

城固县丰乐桥

附近中学巷九号的陕西省银行为院部。一年级在城固古路坝西北联大校本部上课。为解决学生临床实习，医学院借在汉台旁的南郑卫生院30余间房屋设立附属诊所，同时，又与迁到汉中的洛阳军分区医院联系作为实习基地，这样，医学院前期后期及学生实习等问题得到基本解决，开始步入正常教学秩序。初期的教师、医生主要由北平大学医学院随迁来的教授、讲师、助教及留校的毕业生担任。有公共卫生学教授严镜清，法医学教授林几，药理学教授徐佐夏，生理学教授陈作纪，病理学教授毛鸿志，解剖学教授王顾宁，内科学教授陈礼节、李宝田、贾淑荣，外科学教授董克恩、翟之英、刘锡衡，妇产科学教授王同观、徐幼慧，皮花科学教授蹇先器，儿科学教授颜守民、隋式棠、厉儒华，眼科学教授陈学穆、刘新民，还有从其他医学院聘来的教授，如河南大学医学院耳鼻喉学科教授杨其昌等。

1939年春，随着战争不断升级和全面扩大，日军飞机对汉中的轰炸也日渐频繁，医疗教学工作无法进行，为保证教师学生生命安全，西北联大命医学院迁离城区转移到农村乡下，经蹇先器院长亲历考察，决定暂迁汉中东十余里沿汉江的马家庙、黄家坡、文家庙一带，院部迁马家庙，附属诊所及进入临床科课的四、五年级学生转移至黄家坡文家庙，附属诊所改为重伤医院，改称国立西北联合大学医学院附属医院，以文家庙祠堂为院址，儿科教授颜守民任院长，5月29日迁移，31日即开学开诊。

西北联合大学医学院是西北地区第一所现代医学高等院校，在对陕西乃至西北医学学科建设和人才培养上的贡献是十分突出的，可以说，当时教育部规定的多数医学基础和临床学科都可以算是由此创建和奠基的。当然，在陕西和甘肃还有陕西省立医专（1938）和兰州医专（1932）等医学教育机构，也做了不少贡献，但他们培养的基本是中级医务人员，这就是为什么说西北联大传递了中国现代医学火种，会同了陕甘医学。西北联大医学教育和医学科学方面的奠基性贡献、

黄家坡文家庙道路

规模、档次和影响力是显而易见的。尤其是国立北平大学医学院的内迁,知名教授人才的到来,全国各地慕名而来的学子集聚,桃李成材,对大西北的现代医学高等教育和医学科学发展起到了奠基作用,做出了开创性的贡献,使西北现代医学教育和医学科学在相当长的时间内在国内保持前列。

其次,中国大批优秀的医生、学者来到这里。随着北平大学医学院及其附属医院的内迁,一大批教授学者也随之而来,其中一些人才,为中国现代医学的发展奠定了学科性基础,他们都可以看作是中国现代医学发展过程中某一学科的奠基人,如徐诵明、林几、吴祥凤、李赋京、蹇先器、王同观、尚天裕等。

徐诵明,中国病理学的奠基人。徐诵明先生于 1907 年东渡日本学医,1911 年因武昌起义爆发回国参加辛亥革命,在徐锡麟之弟徐锡骥主办的陆军卫生部担任上尉连长。1912年，又重返日本学习。1916年，因成绩优异，被北京医学专门学校（北平大学医学院前身）聘任。1918年，徐诵明毕业后留在九州帝国大学从事病理学研究。1919年秋，回国任北京医学专门学校病理学教授至1928年。在北京医学专门学校，徐诵明创建了由国人自己主办的中国第一个病理学教研室并担任主任，他还将日本病理学家木村哲二博士的《病理学》著作上、下册译成了中文。1920年，他负责审定了病理学的中文名词，不仅奠定了用中文讲授西方医学的基础，还第一个将病理学引进我国，为我国创建病理学学科、培养病理学人才做出了重大的贡献。

林几，中国法医学的奠基人。林几是福建福州人，在法医学上贡献卓著，对中国法医学的发展做出了巨大的贡献。纵观林几一生的法医生涯，主要贡献有以下两个方面：一则林几将古代法医学与现代法

汉中市城区中学巷汉南书院大门

医学相联系，在原有古代法医学科基础上取精华、弃糟粕，进一步发展并大力推广，使法医学完成了从古典到现代的跨越，走上了科学、严谨的现代化之路，并成立了法医研究所，促成了中国法医学由古典到现代的转化；二则林几开设法医培训班，培养了大批现代法医人才，如郭景元、胡炳蔚、吴家驹、祝家镇等，这些人都是新中国成立后中国的第一代法医学教授，为我国现代法医学的繁荣打下了坚实的基础。

颜守民，中国现代儿科医学的奠基人，西安交通大学第二附属医院的开拓者。颜守民，浙江温岭泽国镇颜家村人，1920年毕业于北京医学专门学校，七七事变爆发后，力促北平大学医学院内迁，之后成为西北联大医学院的教授，并在西北联大医学院的发展过程中，起到了重要作用。颜守民在儿科学上造诣高深，曾对小儿伤寒、黑热病等有较多研究。早在20世纪30年代就发表了《初乳小体的二元性》《北平的白蛉热》《淋巴细胞Azur颗粒》等很有价值的论文，编写了《哺乳儿养育法》《乳儿营养与看护》等专著，编有《小儿解剖生理概要》《小儿体表病态诊断学》《简要小儿科学》等书籍。20世纪50年代末期开始，他以儿童肾脏病作为科研主攻方向，发表了众多论文。1963年创建小儿肾脏病研究小组，建立儿科实验室。1978年接受卫生部下达的"小儿肾炎和肾病的防治研究"课题，在他带领下，南京医科大学第二附属医院儿科成为江苏省重点学科，并成为首批国家博士学位点，为我国现代儿科医学的发展，奠定了坚实的基础。

吴祥凤，中国西北现代医学教育和医学科学的奠基者。吴祥凤毕业于日本千叶医科大学，回国后，先任国立北平大学医学院院长，之后，随着国立北平大学内迁，吴祥凤来到西北联大，加入医学院。在抗战期间，吴祥凤积极召集从北平来的教授和各地辗转而来的教师与学生，在战火与艰难中将中国最早的现代医学火种带到中国西北地区，保存了中国自己最早的现代医学高等教育的火种，创立起西北地

汉南书院内景

区第一所传授现代高等医学教育和医学科学的学府和医院,从而奠定了西北地区现代医学教育和医学科学的基础。

  李赋京,血吸虫病防治及钉螺研究的泰斗。李赋京是陕西省蒲城县人,1928年毕业于德国哥廷根大学,七七事变爆发后,李赋京来到西北联大,任西北联大医学院病理学教授。在教育方面,李赋京曾主持过陕西省立医学专科学校校务,为抗战培养了大量人才,支援了抗战;在医学研究方面,李赋京在血吸虫病防治和钉螺研究方面,有重大的成就。他是最早进行血吸虫病研究的人物之一,他在多个血吸虫病重灾区进行过调查,掌握了宝贵的第一手资料,为日后中国开展灭螺工作打下了基础;同时,他还是我国血吸虫中间寄主钉螺的研究先驱,他培养了大批年轻人进行血防和灭螺研究。除了在研究血吸虫病和钉螺方面取得了巨大成就,李赋京还是我国著名的解剖学家和组织胚胎学家,由他撰写的《人体巡礼》,主要讲解人体解剖基础知识,也是早期中国关于人体解剖的重要文献之一。

蹇先器,中国西医皮肤性病科学的先驱。蹇先器是贵州遵义人,早年留学于日本千叶医学专科学校,回国后曾在多所学校任教,抗日战争中,来到西北联大医学院。蹇先器先生为我国第一代从事现代西医皮肤性病科学的学者和著名医学教育家之一,他在中国第一个国立医学院——北京医学专门学校首先建立皮肤花柳科学,在中国西医皮肤性病科学与教育事业的发展史上功劳卓著,为当之无愧奠基性人物之一,尤其对发展西北地区西医皮肤性病科学与教育事业做出了开拓性贡献。

徐佐夏,中国药理学科翘楚大家,开拓西北高等医学的教育者。徐佐夏,山东广饶徐楼村人,1917年毕业于中国教育部开办的中国第一所西医学校——国立北京医学专门学校,曾于德国留学。七七事变后,徐佐夏毅然离开德国,奔赴西安临时大学,任药理学教授,后随西安临时大学迁移到汉中,是西北联大医学院首任院长。在教育方

汉中市公安局汉台分局大院(这里曾是西北联大医学院医疗门诊区和教学点)

面,他率领新生的西北联大医学院渡过难关,逐步成长为中国西北地区现代医学教育的摇篮;在抗战方面,曾多次亲赴香港筹备抗日物资,有力地支援了抗战;在医学研究方面,徐佐夏致力于医学药学研究近半个世纪,专长药理学、药用植物学、毒理学。主持研制成功了"血压立定片""抗哮喘片"等12种新药。译著主要有《简明药理学实习》《处方学》,1936年由北平大学出版社印刷为教学用书。1952年后编译了《药理学》《毒理学》《植物疗法》等,促进了中国现代医学的发展。

隋式棠,陕西儿科学的砥柱栋梁。隋式棠,山东广饶人,1929年考入国立北平大学医学院,1935年毕业后留校。七七事变后,随学校一起迁移至西北,被聘为西北联大医学院小儿科讲师兼附属医院检查室主任。曾于1948年力抗国民党的迁校举动,并力劝其他同仁,为陕西地区保存了医学的火种。除此之外,隋式棠在儿科疾病研究方面,独树一帜,他带领的西北医学院、西安医学院附属医院(今西安交通大学第二附属医院)的儿科专业曾是西北地区队伍最强、业务水平最高的学科,广受患者赞誉,在学界独占鳌头,发明研制了众多适宜于小儿疾病预防、治疗的药物,如桃花散等,为解决小儿疾病难题做出了重大贡献。

王同观,西北现代妇产学科先驱翘楚。王同观,山东省安丘县李戈庄人,毕业于北平大学医学院,后赴日留学深造,留学期间,编译了《产科学》《妇科学》等日文医学专著。七七事变爆发后,王同观回国,就任北平大学医学院讲师、副教授、妇产科副主任,后随北平大学加入西北联大,在西北联大医学院的创立和发展中,王同观起到了重要作用,开拓了中国妇科医学学科,推进了中国西北地区妇科医学事业的发展。与此同时,王同观在南通医学院和苏州医学院的建立、发展过程中,起到了重要作用,促进了中国医学教育事业的发展。

尚天裕,中西医结合治疗骨伤的创始人。尚天裕,山西省万荣县人,毕业于西北联大医学院,后留校任教。他是中国第一个将中西医相互结合起来治疗骨伤的人,他提出了"动静结合、筋骨并重、内外兼治、医患配合"的骨折治疗新原则,实现了骨伤治疗的一个质的飞跃。这种治疗方法曾受到过周总理的赞扬,还曾传到国外,引起国外医学界的重大震动。

以上只是列举少数具有代表性人物的贡献,并不是全部。其余的诸如中国现代小儿科学创始人之一并曾任西北联大医学院附属医院院长的儿科学教授颜守民,国内遗体捐献项目发起人之一的公共卫生学教授严镜清,历任西北医学院、西北大学医学院、西安医学院院长、著名生理学家侯宗濂,中国放射诊断创始人之一、著名放射学家梁铎,著名病理学教授洪式闾、林振纲、毛鸿志,组织胚胎学家鲍鉴清,外科学家刘兆霖,微生物学家、热带病学家杨敷海,外科学教授陈礼节,等等,皆对中国现代医学的发展,起到了重要作用。

最后,培养了大批学生,充实了西北地区的高等医疗人才队伍。西北联大医学院在艰苦抗战的环境中坚守砥砺,对新中国成立前中国地区"人"的发展起到了不可替代的作用,培养了大量现代医学人才,仅1937—1946年,西北联大与其自体国立5校共培养了9257名毕业生。其间,众多国内医界名流在此工作,培养高级医学人才347人。这是新中国成立前,也是中国现代医学发展最为艰苦的时期,西北联大为现代医学人才的培养、为抗战的胜利、为现代医学革命火种的保留和发展,都做出了重要贡献,并且在这些人才的充实下,西北地区迅速建立了一套卫生医疗体系,迅速出现了一些城乡医疗机构。以陕西省为例,1941年5月筹建三桥镇乡村卫生示范区,兼作卫生训练所的实习场所。设主任、医师、护士、卫生稽查等,刘蔚同任负责人。1942年独立的陕西省立传染病院,原为防疫处附属传染病院。成立于1942年的陕西省立传染病院,有医师4人,护士7人,药剂生3人,检验员2人,助理员9人,事务员16人。此外,还有少数外国教会设立的小规模医院或一些个体执业的西医诊所，如西安的广仁医院、西京医院等。这些卫生医疗体系的建立，很大程度上改变了中国西北地区人们的卫生医疗状况。

总而言之，在西北联大迁入、医学院建立以后，中国西北地区终于出现了一所正规的现代医学教育机构，而且是抗战时期西北地区唯一一所正常运转的医学教育机构，培养了大批人才，为改善西北地区的卫生医疗状况，起到了全面、综合性的作用。

（二）西北联大医学院对抗战胜利的贡献

1939年春，因战事扩大，经过蹇先器院长亲历考察，西北联大命医学院迁离汉中城区转移到汉中东十余里沿汉江的马家庙、黄家坡、文家庙一带农村，院部迁马家庙，附属诊所及进入临床科课的四、五年级学生转移至黄家坡、文家庙，1939年5月29日开始迁移，31日即开学开诊。

医学院和附属医院虽然转移到了乡下，但日军的轰炸仍然频繁激烈，1940年5月20日，十余架日军飞机轰炸医学院及附属医院，投弹40余枚，居住在黄家坡的医学院教务长、耳鼻喉科教授杨其昌和四年级学生的栾汝芹、陈德麻，以及当地百姓14人不幸被日寇的炸弹夺去了生命；日军还炸毁了附属医院图书馆及十余间病房。面对敌人疯狂无耻的侵略，西北联大迎头出击，以自身的实际行动配合抗战的进行。

首先，医学院奋力自救，充盈实力。医学院先后在蹇先器院长、徐佐夏院长，附属医院先后在颜守民、王同观、赵清华院长的领导下，在马家坝、文家庙坚持改善教学条件，修缮庙宇祠堂，加盖数十间草房，用作教室、实验室、门诊、病房、手术室和检查室。到1942年，医学院和附属医院不仅初具规模，学生达到近300人，还向除本校以外的河南大学医学院、南通医学院等医学院提供医学基础教学和学生临床实习基地。

其次，积极开展抗日救国活动。1938年9月8日，医学院全院组织了为期两个月的陕西省学生军训活动，共有734名学生参加。教授们慷慨陈词，鼓励学生。如史学家许寿裳教授在军训中用"勾践的精神"激励学生；李季谷教授教授《中国历史上所见之民族精神》，用"卧薪尝胆""荆轲刺秦"和文天祥的《正气歌》激发学生们的爱国情怀。而学生们则积极踊跃，报名参军，先后共有300余名师生报名从军抗战。

最后，医学院发挥其专长，为抗战军民救死扶伤。汉中当时为抗战重要军事基地，驻防有第一战区司令长官司令部、空军第三路司令部、八路总站、美军十九航空队、陕甘鄂边区警备司令部和许多转移下来的行政机构等，西北联合大学医学院附属医院为陕南唯一的大医院和已具规模的教学实习医院，业务也较鼎盛。据1942年度统计，附属医院设各类病床80张，日门诊量在文家庙80人，门诊部迁汉台后达300人次。设有内、外、妇、儿、眼、耳鼻喉、皮肤等科室，配有手术室、检验室、调剂室等，在大后方极具名气，其眼科、耳鼻喉科等为陕南唯一的诊疗机构。除为当地民众诊病外，作为重伤医院，附属医院还接收治疗了大批前线下来的伤员。

此外，热带病学教授马海目还负责筹备成立了地方病研究所，进一步开展对陕南地方病等疾病的调查研究工作，为探求生病之源及消弭之法，更为抗战充足康健的兵源提供了有力的保障。时值抗战，药品极为短缺，院长徐佐夏和毛鸿志负责成立了中药研究所，之后又支持学生成立药物研究会，研究发现和提取中药的有效成分，研究开发国药，力求药物自足。在大后方药源奇缺的情况下，徐佐夏就地取材，提取中药有效成分以代替西药，以土硼砂为原料提取医用硼酸。附属医院各科也很重视通过对病例统计进行疾病谱和流行病学的分析，并有针对性地提出防治措施建议，如1943年，各科对五年来威胁汉中当地民众健康的主要疾病进行排序，发现当地疾病以急性、慢性传染病及营养不良性疾病、寄生虫病等居多,如内科排在第一位为肺结核,并有逐年增加趋势,认为"其影响兵员之补充、后方之建设之重为抗战期间之严重问题也";妇科以不孕症最多,而查其主要原因为淋病和子宫后屈,后者原因多为医学知识缺乏,既不能预防在先,又不能适当治疗或缺乏根治决心;产科以妊娠检查占第一位,达 64.2%,职业统计多为知识阶级女性,同时,对农村妇女较少来院分娩导致产妇、新生儿死亡率高等较多不良后果,提出了其生理、心理、环境和社会原因;眼科多数是沙眼、急性结膜炎;儿科首位为寄生虫病和传染性疾病,"欲求治术之法,唯有普及卫生常识养育之法,以其发达为健全之分子";以"外科圣手"著名的外科教授万福恩开展以"大脑额叶切断术"治疗部分精神分裂症患者,以三叉神经节注射治疗三叉神经痛,闻名汉中。

从 1937 年国立西安临时大学医学院更名国立西北联大医学院奠基西北,至 1949 年,其间西北医学院、西北大学医学院,它始终是原北平大学医学院一个医学院所组,其中并无其他院系并入。其砥砺汉中八年,移风易俗,开拓现代医学之理念,众多国内医界名流在此工作,培养高级医学人才 347 人,诊治病人和抗战将士不计其数,为大后方医学事业的坚守,为抗战的最后胜利做出了积极的贡献。

(三)西北联大在全国范围内对现代医学事业发展的贡献

西北联大在新中国成立前对中国现代医学事业的贡献,并不仅仅局限于中国西北地区,在全国范围内,西北联大也起了非常重要的作用。西北联大对全国现代医学事业发展的贡献,与西北联大的解体回迁,有着密切关系。在西北联大解体回迁的这一过程中,并没有使西北联大的精神和贡献中断,而它更像是一棵大树牢固深厚的根基,不仅开拓了新的生命,更不断为其他分枝的发展繁茂提供源源不断的能量,使其开枝散叶。因此,西北联大对整个中国医疗卫生事业的发展都是有贡献的。同时，在抗日战争中，西北联大医学院的贡献，也是独一无二的。

首先，西北联大医学院对中国现代医学教育发展的贡献。西北联大医学院在发展过程中，并不是孤立且守成式的发展过程，而是积极帮助其他地区现代医学院校建立和发展，无论是人员支持还是技术支持，西北大学医学院都是不遗余力的，对中国现代医学教育在全国范围内的确立，做出了重大贡献。其中与西北联大医学院有共生共存或者直接承继关系的，便有兰州医学院和西安交通大学第一附属医院、第二附属医院。

1932年，甘肃省创建了甘肃学院医学专修科；1942年，甘肃学院医学专修科改建为国立西北医学专科学校；1945年，国立西北医学专科学校并入国立西北医学院，即西北医学院兰州分院；1946年，国立

汉中市古汉台望江楼（此处周边曾为西北医学院的办学区）

文家庙小学门前的道路

文家庙小学(这里是抗战期间西北联大医学院艰苦创业及办学的主要基地之一)

西北医学院兰州分院（即原国立西北医学专科学校部分）参与合并组成国立兰州大学。

也就是在1945年至1946年间，国立西北医学专科学校先并入了西北医学院，与其共同发展了一年后，又脱离西北医学院，被合并组建到兰州大学里。这一年的共同发展，使西北医学较优的教学经验、医疗状况及相关管理经验得以被带入兰州，就像一个孩子，在更为优秀的环境中成长得更为茁壮后，再回去建设自己的家园。是一个汲取补充之后再发展壮大的过程。

与西北联大医学院有直接关系的还有交大一附院和二附院（西安交通大学医学院第一附属医院和第二附属医院）。西安交大一附院建于1956年，其1956年之前的历史与西北联大医学院关系匪浅。1937年七七事变爆发，国立北平大学医学院部分爱国师生西迁，先至西安，依当时体制，医学院与附属教学医院为一体，同时迁来；再南迁

国立西北大学医学院附设大学医院
1946年8月1日启用

文家庙小学内的手压式水井

文家庙小学内景

至汉中南郑，成立西北联合大学医学院及国立西北联合大学医学院附属诊所（随后又为国立西北联合大学医学院附属医院）；1939年8月，国民政府行政院决定，改国立西北联合大学为国立西北大学，医学院独立设置；1946年，国立西北大学医学院附设大学医院（简称西北大学医院），由汉中迁至西安崇礼路（现西五路157号）；1950年，国立西北大学医学院改为国立西北医学院，同年12月，改名为西北医学院，医院随之改称西北医学院附属医院。后更名为西安交通大学医学院第一附属医院。西安交通大学第二附属医院的建校历史与一附院一般无二。

以上只是与西北联大医学院有直接关系的医学院校，其余西北联大解体后回迁院校在联大医学院基础上成立的医学院系，更是不胜枚举。这些医学院校的建立，无论在历史渊源上，还是在文化继承上，都与西北联大医学院有着重要关系。这些新兴的医学教育院校，遍布全国各地，对中国现代医学教育事业的发展，起到了重要作用。

其次，西北联大医学人才对全国现代医学事业发展的贡献。西北联大成立之后，医学院聚拢了大批优秀的现代医学专家和知名学者，这些人在改变中国西北地区医疗卫生状况的同时，将现代医学体系推广到了全国。而这一过程，是伴随着西北联大医学院人才的几次变迁和更迭进行的。

由于是几所院校共同组成的院校，故而西北联大建立之后，各个院系之间，都存在着一定隐患与矛盾。一则三校之间以及校领导与教育部的政策管理矛盾开始凸显出来；二则，1938年7月，教育部长陈立夫连发训令，欲将西北联大工学院（原北洋工学院和北平大学工学院）、东北大学工学院、私立焦作工学院合组为国立西北工学院，西北联合大学农学院与西北农林专科学校合并改组为国立西北农学院，此行当即遭到师生联名反对，要求维护西北联大组织完整；三则，1939年年初，由于与教育部在法商学院院长的聘任、法商学院开设社

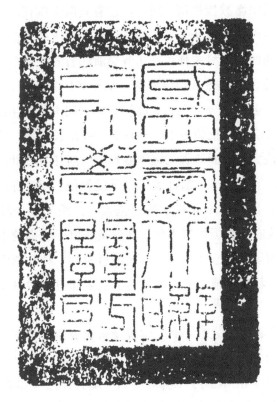

国立西北联合大学关防　1938年4月

会科学课程设置、禁止商学系学生学俄文，以及反对解聘沈志远、曹靖华、韩幽桐等十余名教授等问题上发生较大矛盾。由于种种矛盾的激化，终于，1939年年初，出现了一次学潮，导致西北联大出现了大批学者专家的流失、离校。其中，便有医学院中许多知名专家和学者。

原北平大学校长、西北联大常委徐诵明辞职，同时，原北平大学的40余名教师也随之先后离校。如医学院院长蹇先器，因不满国民政府教育当局直接干预学校行政和课程设置、打击排斥进步教授、迫害爱国学生的行为政策，愤然辞去院长职务，离开了西北联合大学。后蹇先器应侯宗濂教授邀请，到了福建省立医学院任教。内科学教授陈礼节和儿科教员厉矞华夫妇，受侯宗濂邀请任福建省立医学院内科学教授兼附属医院内科主任。陈礼节受浙江省省长陈仪之邀，接受台湾大学医学院、台湾热带病研究所、结核病研究所所长、教授等职，后任中华医学会浙江分会会长，杭州市科学技术协会主席，中国红十字会杭州分会会长，杭州市卫生局局长、副市长等职。厉矞华后历任台湾省立师范大学、浙江省立医学院教授、浙江省妇幼保健院、浙江省儿童保健院首任院长、浙江大学医学院教授、浙江省红十字会会长等职，成为浙江省医学儿科学的奠基人。法医学教授林几离开陕西后，在国民政府中央卫生署工作，之后又在位于成都的中央大学医学院任教，并为该院建立了法医科。抗战胜利后，林几随中央大学医学院迁回南京。新中国成立后，林几到了卫生部卫生教材编审委员会工作。

　　第一批学者离开之后不久，学校便再次发生了学潮，又导致了大批学者离开国立西北大学。1944 年 1 月，因物价飞涨、教学经费短缺，学生基本生活和学习环境得不到保障，加之军事教官的蛮横跋扈，以西北医学院 8 期学生与军事教官发生冲突为导火索，学生罢课抗议，引发全校性学潮。教育部长陈立夫电召院长徐佐夏去重庆询查，教务部主任李宝田、附属医院院长赵清华同行。为平息事态，西北医学院院长徐佐夏及军事教官均被免职离校，教务主任李宝田、附属医院院长赵清华也同时被解聘。附属医院院长由内科学教授陈阅明担任。颜守民、王同观、徐佐夏、李宝田等又一批北平大学医学院内迁的知名元老教授相继离去，国立西北医学院在国内的影响开始式微，也使得国立北平大学医学院的固有"德日系"办学色彩愈淡。其中，颜守民离开西北联大医学院后，又在沈阳、江苏等医学院工作，历任沈阳医学院、江苏医学院、南京医学院儿科学教授、副院长、院长、名誉院长，国家一级教授。徐佐夏历任江苏医学院药理学教授兼副院长、青岛医学院药理学教授，为国家一级教授。王同观后任陕西医学专科学校妇产科教授兼教务长和南通医学院（后更名苏州医学院）教授、附属医院院长、南通市人民医院院长，国家二级教授。

抗战胜利后，由于平津及东南各省各医学院和医院在接收、恢复、重建时急需人才，对知名教授着力聘请，加之沿海社会经济条件也较西北为好，西北时局动荡等各种原因，许多教授相继离去他就，西北联大医学院出现了第三次人才的流失，甚至其中很多人后来成为国内许多医学院、医院的领军人物或栋梁之才。如外科学教授、前任医学院院长万福恩，后任天津总医院院长，为天津医学院创建人之一；前任医学院院长汤泽光，后应邀到广东任岭南医学院（今中山大学医学院）兼博济医院（今附属孙逸仙纪念医院）院长，为国家二级教授，曾任中华医学会广东分会会长、中国病理学会名誉理事长；前任附设医院院长陈阅明到福建医学院任副院长；眼科学教授潘作新后去青岛医学院，为国家二级教授；病理科教授李佩琳1950年就任中国医科大学病理教研室主任，为国家一级教授。

这些知名医科专家和学者的离开，虽然是西北联大医学院的损失，但是从另一方面来看，这些人在离开西北联大之后，分散到全国各地，在开辟医学院、推动医学教育的同时，还积极弘扬现代医学，推进现代医学的传播，带动了中国各个地区医院、卫生、医疗、教育事业的蓬勃兴起，在全国范围内，迅速建立起了现代医学之体系。这些著名人才，像蹇先器、林几、徐佐夏、陈万福等人，像一颗颗种子一样，在那里生根发芽、开花结果，形成了一张辐射全国的现代医学教育网，对中国现代医学事业的发展和其在全国范围内的推广，起到了重要作用。

总而言之，新中国成立前，西北联大医学院的建立，不但填补了中国西北地区现代医疗卫生的空白，促进了西北地区医学教育事业的发展和卫生医疗体系的建立，而且在全国范围内，西北联大医学院也促进帮助了许多现代医学院的成立，输送了大量的现代医学人才，并在一定程度上，促进了抗日战争的胜利。

六、新中国成立后中国医疗卫生事业发展简介

（一）医疗卫生机构的建立及覆盖

新中国成立后，中国的医疗卫生机构也伴随着医疗卫生事业的发展而扩大发展，覆盖面积更为广阔。

调查数据显示，2011年年底，全国医疗卫生机构达95.4万个，其中：医院2.2万个，基层医疗卫生机构91.8万个。每千人口医疗卫生机构床位数3.81张、执业（助理）医师1.82人、注册护士数1.66人，每万人口专业公共卫生机构人员4.73人。我国人均期望寿命从2000年的71.4岁提高到2010年的74.8岁。孕产妇死亡率从2002年的51.3/10万下降到2011年的26.1/10万，婴儿死亡率从2002年的29.2‰下降到2011年的12.1‰，5岁以下儿童死亡率从2002年的34.9‰下降到2011年的15.6‰。2003年，中国城乡居民基本医疗保障覆盖率分别为55%和21%，2011年分别增至89%和97%，发生了重要变化。城乡居民健康指标差距逐步缩小，孕产妇死亡率城乡之比由2005年的1:2.15缩小为2010年的1:1.01，婴儿死亡率城乡差距从7.2个千分点下降到5.9个千分点。农村住院分娩率西部与东部地区的差异由2003年的34个百分点下降到2010年的2个百分点。我国医疗机构诊疗人次由2002年的21.45亿人次增加到2011年的62.7亿人次，住院人数由2002年的5991万人增加到2011年的1.5亿人。2011年，中国居民平均就诊4.6次，每百居民住院11.3人，病床使用率88.5%，平均住院日为10.3天。2011年，15分钟内可到达医疗机构住户比例为

83.3%，其中农村地区达到80.8%。2002年，中国卫生总费用中个人卫生支出比重高达57.7%，政府预算卫生支出和社会卫生支出分别占15.7%和26.6%。2011年，个人卫生支出的比重下降到34.9%，政府预算和社会卫生支出的比重分别提高到30.4%和34.7%。政府卫生支出由2008年的3593.94亿元增加到2011年的7378.95亿元，年均增速为21.68%，明显快于同期卫生总费用和财政支出的年均增速。

（二）基础学科的发展

新中国成立前，中国现代医学有所发展，但真正的快速发展和成熟，还是在新中国成立后，各方面都取得了不小的成果。具体如下：

1. 基础医学方面

起于20世纪20年代的病理学，在20世纪60年代时，其发展主要是培养相关的学科人才及研究国内常见病和多发病的形态病理学，如日本血吸虫病、大骨节病、地方性甲状腺肿大、心血管病（如动脉粥样硬化、高血压病）等；20世纪80年代，病理学在疑难病症的诊断、科研、教学等领域有所创新，开始应用免疫荧光、免疫酶及各种电镜技术；免疫组织化学技术在20世纪90年代则出现了更敏感的LSAB（SP）法，免疫组织化学技术广泛应用于病理学研究尤其是临床病理诊断，显示出了巨大潜力；电子显微镜的问世使超微病理研究、肿瘤的诊断都变得更加精准。

组织胚胎学同样起源于20世纪的20年代，其标志是1920年"中国解剖学会及人类学会"的建立。至新中国成立后的1962年，解剖学会迁至北京，并且已拥有会员1000多人，组织学和组织胚胎学工作者占30%以上。新中国成立后到"文革"前，我国的组织胚胎学有所发展，专业队伍开始扩大，同时，开始引进国外教材、期刊、专著，也有国内学者编写的专著教材问世，如王有琪主编的《组织学》、薛社普等编著的《细胞学进展》等。"文革"期间，学科发展相对停滞，至 1978 年后，组织胚胎学的发展进入了快速发展时期，专业队伍逐年扩大，科研活动繁荣有序，有的成果已接近甚至达到国际先进水平。如棉酚抗男性生殖作用研究、男性生殖生物学及不育和抗生育研究、女性长效避孕药应用的远期安全性问题，等等。值得一提的是，1988 年，首批"试管婴儿"在北京、长沙诞生。

神经肌肉生理学在我国发展较早，但一直到 20 世纪 60 年代初，该领域才得到迅速的发展，并取得了一些有意义的结果，主要有：肌纤维收缩和肌原纤维结构研究；对虾内侧巨大神经纤维的传导速度与结构研究；肉毒杆菌毒素阻断神经肌接头传递的研究；运动神经元与骨骼肌细胞间营养性关系研究。"文革"期间，该领域只有少量工作坚持进行。1978 年后，研究工作逐渐步入正轨，神经毒素、神经对骨骼肌的营养性作用机制也有了深入研究。近年来，单离子通道的研究工作和采用片膜钳技术观察乙酸胆碱受体通道的开放时间的研究工作也已开展，某些方面已达到国际水平。

生物化学在新中国成立前已经起步，其主要研究领域是维生素和内分泌。新中国成立后，中科院生理生化研究所培养了大批生化研究人才。1965 年，生化所成功参与合成了结晶牛胰岛素，使中国成为世界上第一个合成蛋白质的国家，同时，标志着人类在认识生命、探索生命奥秘的征途中迈出了关键性的一步。20 世纪 70 年代，生化所在国内率先开始了基因工程研究，带动了国内分子生物学研究。目前有些基因工程产品已经进入临床试用阶段。

生物物理学在发展过程中则比较注重对理论研究成果的应用，发展步调与生物化学基本同步。主要研究自由基、细胞的多种结构成分、红细胞、人工膜等。

除此之外，基础医学在微生物学、免疫学、医学生物学、病理生理学等方面也都得到了长足的发展。这里不再做具体的展开介绍。

2. 临床医学方面

理论的发展必然会指导实践，临床医学（以基础医学为依据，对病患加以诊断、治疗的学科）也随着理论研究的精细化、专业化而出现了更为细致的划分及发展。如从治疗对象、方法或器官系统上可分成多个临床学科：内科学、外科学、妇产科学、小儿科学、精神医学、神经科学、泌尿科学、皮肤科学、眼科学、耳鼻喉科学、复健科学、麻醉科学、骨科学、放射科学、急诊科学等，笔者在此选择较有代表性的几个学科试述之。

内科学作为临床医学的基础学科，已成为临床医学两大支柱学科之一。它涵盖了很多细化的分支。第一，呼吸系统方面在20世纪50年代，主要开展的是结核病的防治工作，至20世纪70年代，工作重点转向了呼吸系统疾病的慢性支气管炎，其间（20世纪60—70年代），我国先后研制成功了苯唑青霉素、先锋霉素（Ⅰ、Ⅱ）等60余种抗生素。纤维支气管镜的应用则提高了肺病的诊断水平。第二，消化系统方面，20世纪50年代，主要有一些医用器具的出现，如胃镜、直肠镜、乙状结肠镜、腹腔镜等。20世纪70年代以来，在消化系统领域的发展过程中增加了一些实验室的检验方法和诊查仪器，使诊断方法得到了进一步的提高。20世纪80年代，除了医用器具设备的发展之外，如电子摄像、电子内窥镜及其后超声内窥镜的相继问世，还人工合成了多肽-胃泌素和组织胺，不仅完善了胃酸分析方法，而且可以对上消化道某些疾病（消化性溃疡、慢性萎缩性胃炎等）进行辅助诊断。放射免疫测定法也得到了很好的发展。影像学诊断技术从20世纪60年代的A型超声波和胃肠道钡剂造影术，发展到了20世纪80年代以后的B超、CT（X线计算机体层成像）、ECT（发射单光子计算机断层扫描仪）、ERCP（经内镜逆行胰胆管造影）、选择性腹腔动脉造影术和核磁共振检查等多种影像技术，提高了诊断的准确性。20世纪80年代以后，很多疾病的诊治开始运用新方法，如胆结石治疗开始运用去氧鹅胆酸与熊去氧胆酸，重症肝炎开始用胰岛素和胰高血糖素等。第三，心血管系统方面的发展主要体现在诊断技术、治疗方法及治疗设备上。20世纪60年代，心脏病诊断主要运用心电向量图；20世纪70年代，则是活动平板运动心电图；20世纪80年代，食道心脏电生理检查技术开始普及，到现在已经普及到县、乡一级。治疗方法上，20世纪60年代，开始运用直流电复律技术进行心脏病治疗，心脏起搏器也从开发研制到了临床应用的阶段，新中国成立后，心脏病介入性治疗有了一定的发展，如1981年，上海开始应用泡沫塞子堵塞未闭动脉导管。1984年，西安、苏州开始应用冠状动脉腔内成形术治疗冠心病，南京开始应用直流电消融术治疗室上性心动过速。1985年，广州开展经皮肺动脉瓣球囊成形术和球囊二尖瓣成形术治疗肺动脉瓣和二尖瓣狭窄。1986年，西安、北京开始了冠状动脉腔内溶栓术治疗急性心肌梗死。1987年及1989年，北京开展了经皮冠状动脉腔内激光成形术及冠脉腔内斑块旋切术治疗冠心病等。最后，在治疗设备上，也出现了几乎同步的发展，20世纪60年代初开始研制超声心动图仪，后逐步发展至M型、二维超声心动图仪、二维多普勒超声心动仪。新中国成立后，开展了心导管的检查，如1950、1951年，北京、上海开展了右心导管检查，1954年，又开展了左心导管检查，1973年，开展了选择性冠状动脉造影及心导管记录心内希氏束电图，1979年，开始窦房结电图的记录。20世纪80年代开展了心内膜心肌活检。第四，泌尿系统方面，20世纪80年代，肾脏疾病科研和诊疗水平得到了很大的提高，各种肾脏疾病动物模型开始建立，医务工作者对肾小球和小管间质疾病发生发展过程中各种炎症成分、细胞及细胞外基质所起作用的认识加深，为之后拓宽肾脏疾病诊治手段打下了基础。同时，对慢性肾衰患者开始采用液透析、腹膜透析和肾脏移植的治疗手段，对于急性肾衰患者，开始采用血尿肌酐比值、尿钠浓度、肾衰指数、滤过钠排泄分数、指趾甲肌酐含量及B超、CT检查等进行诊断，使之成为目前情况下为数不多的能够完全恢复的肾脏疾病之一。另有一些专著诞生，如石毓澍、马腾骧主编的《临床肾脏病学》（1982年出版）、王宝琳主编的《小儿肾脏病学》（1983年出版）、王叔咸和吴阶平主编的《肾脏病学》（1987年出版）等。第五，内分泌代谢病方面的发展主要是在新中国成立后建立了一些研究所，如1978、1979年，朱宪彝教授和邝安堃教授分别创建了天津市内分泌研究所、上海市内分泌研究所等。20世纪50—70年代，医务人员的工作重点主要集中在地方性甲状腺肿的调查防治上。20世纪八九十年代，工作重点转向糖尿病的普查研究。同时，也有一些专著诞生，如1955年，刘士豪编著的《生物化学与临床医学的联系》、1979年，邝安堃和陈家伦主编的《临床内分泌学》、1993年，朱宪彝主编的《临床内分泌学》、1989年，钟学礼和朱禧星主编的《临床糖尿病学》，以及池芝盛1992年主编的《内分泌学基础与临床》等。第六，免疫系统方面的研究始于20世纪70年代，1989年12月，中国免疫学会成立，这是免疫学专业全国性学术领导机构。目前，我国仅少数医院设有临床免疫科，关注重点侧重于因肿瘤、感染等疾病和因使用广谱抗生素、糖皮质激素、细胞毒药物等引起的继发性免疫缺陷症。目前变态反应病和自身免疫性疾病也比较薄弱，有待发展。

外科学同样是临床医学的两大支柱学科之一，也涵盖了很多方面。第一，普通外科。普外科的发展历史相对较久，也比较成熟。在后续的发展中主要是各个方面的完善，如手术用具、治愈药物的增多，手术规范性得以提高等。值得一提的是，对肝脏解剖学的研究更加深入，1981年，由西安医学院一附院（今西安交通大学第一附属医院）刘绍诰主持的首例常温无血肝切除手术获得成功，使得曾被视为"手术禁区"的肝切除成为一种安全、有效的治疗手段，成为外科领域的一项重大突破。MRI（磁共振检查）、CT、DSA（血管成像）等新技术在临床的推广应用，使普通外科疾病诊治达到一个新的水平。第二，显微外科。显微外科技术始于 1921 年，真正对显微外科的研究则始于 20 世纪 60 年代。20 世纪 70 年代以后，显微外科技术在全国范围内迅速普及，手术对象从幼儿到老人，再植总成活率达 90% 以上。因此，我国在显微外科这一领域一直处于世界领先水平。第三，胸心外科。胸心外科开创于 20 世纪 20 年代，推广于 20 世纪 40 年代，主要以结核病的治疗为主。新中国成立后，胸科医院在各地建立，医务工作者也相继开展了很多有创新有突破的工作。如 1954 年，兰锡纯成功施行的二尖瓣分离术（这在心内手术发展过程中有着里程碑式的意义），1957 年，梁其琛成功进行的低温麻醉下切开肺动脉主干、在直视下剪开狭窄瓣膜的手术（这是我国心内直视手术的开创性事件），1978 年，张世泽首先成功地施行了原位心脏移植术等。目前为止，我国的胸外手术甚至是心脏直视手术已经普及到一些较大的县级医院，肺癌术后 5 年生存率提高到了 40% 左右，支气管胸膜瘘的发生率已不及 1%。气管外科、冠状动脉外科、心脏移植及肺脏移植等，都有了较快的发展。第四，麻醉学。20 世纪三四十年代，麻醉学在我国成为了一个独立的学科。自 20 世纪 50 年代后期至 20 世纪 60 年代初，麻醉学先后开展了支气管内麻醉、控制性降压、全身低温等临床研究以及心肺复苏的研究，取得了很好的临床效果，为现代麻醉学涉及重症监测治疗和急救复苏等工作奠定了良好的基础。20 世纪 80 年代，我国麻醉学会被世界麻醉学会正式接纳为会员，同时，国内多所院校开办了麻醉学系或麻醉学专业，培养了大批麻醉学人才。20 世纪 80 年代末，麻醉科工作领域及业务范围均有所扩大，非去极化肌松药罗库溴铵的应用则提高了麻醉的安全性。除了以上诸多方面，器官移植、烧伤治疗等，也都得到了很大的发展。

妇产科学起源于 20 世纪 30 年代，被誉为"中国近代妇幼卫生事业创始人"的杨崇瑞在早期开展了很多工作。新中国成立后，卫生部门开展了"妇女四期保护"的工作。20 世纪 60 年代开始，我国的妇幼保健网逐渐覆盖到县、乡、村三级，承担了农村的妇女保健工作。20世纪80年代，主要开展了简易农村孕妇系统管理的试点研究及农村围产保健规范化研究。产科方面，20世纪50年代，由于诊断准确、手术技术提高以及输血技术的改善，由产后出血、羊水栓塞、胎死宫内等引起的死亡已基本消灭。妇科方面，新中国成立后开始了对子宫颈癌、滋养细胞肿瘤、卵巢恶性肿瘤这些妇科肿瘤的研究，目前均可诊治，同时，对妇科炎症的治疗也取得了很好的成果。

我国现代儿科学始于1926年，初期主要是各地医院儿科的建立，如上海、广州、成都等。至20世纪五六十年代，儿科学主要在小儿腹泻方面开展工作。另外，20世纪50年代初期，小儿肾病综合征的病死率在30%以上，后来由于抗生素类药物的应用，有效地控制了继发感染，加上以肾上腺皮质激素为主的中西医结合治疗，病死率已下降到10%—17%。20世纪70年代以来，在加用免疫抑制剂（如环磷酰胺）的部分病例，病死率又进一步下降到3%以下。20世纪50年代小儿白血病缓解率也极低，难以长期生存，至20世纪80年代末90年代初，医学界采用PCR技术监测残留白血病，研究TCRr，TCRs作指导化疗及"分子复发"的信号，使急性淋巴细胞性白血病3年以上生存率达80%、急性髓性白血病3年以上生存率达70%，大多数白血病患儿能够长期无病生存。20世纪60年代，我国开始推广国产脊髓灰质炎口服减毒活疫苗，同时，试制成功了糖丸疫苗，此疫苗便于保存、运输和服用，非常适用于农林及远郊区、工矿地区。在结核病预防方面，1950年，北京开办了卡介苗工作人员实习班，大力开展卡介苗接种工作，到1958年年底，全国已有1000余万婴幼儿接种了卡介苗，新生儿卡介苗接种率达90%，小儿结核病的感染率和发病率明显降低，结核性脑膜炎与粟粒性肺结核已大为减少。另外，隋式棠研制的"桃花散"对于小儿百日咳的疾病疗效显著，受到家长欢迎，在全国影响极大，于1978年获得医学院科学大会奖励。

除此之外，还有很多学科的发展也取得了巨大的成就。比如，20世纪 50 年代初期，我国实行全民免费接种牛痘和卡介苗的措施，几年之内天花和结核得到基本控制。新中国成立后政府开展了大规模群众性种痘运动，每隔 6 年复种一次，用了 10 年左右时间基本消灭天花。2008 年 5 月，甲肝疫苗被列入扩大免疫疫苗之一，部分省市已经提供免费甲肝疫苗接种。新中国成立后，政府高度重视疟疾防治工作，经过全民群防群治、预防服药、环境治理等综合防控措施，疟疾发病率迅速下降。这样的例子还有很多很多。如针对血吸虫病，新中国成立前就有陈方之、李赋京等人进行过相关研究，在国际上都有一定影响。新中国成立后开展防治工作以前，当时估计全国有 1000 万病人，全国大概有 1/5 的人口生活在血吸虫病疫区。卫生部门根据血吸虫病的流行特点制订了一系列防治规划，发起了群众性防治运动，李赋京等人深入血吸虫病疫区进行了多年防治工作，并培养了一大批年轻学者进行血防和灭螺研究，使病患数量大幅减少。至 1985 年，原有血吸虫病流行的 372 个县（市）中，已有 274 个达到了消灭或基本消灭的指标。近年应用多学科综合研究，认为大陆血吸虫病由云南、广西、四川、皖鄂四个不同分化品系所组成，每一品系具有各自的生物特性，这对疫区开展流行病学监测具有重要参考价值。已有统计资料表明：到 1996 年为止，在全国原 400 个血吸虫病流行市、县中，已有 227 个市、县消灭了血吸虫病，55 个市、县基本消灭了血吸虫病，有 118 个市、县的血吸虫病尚未得到控制。

另外，眼科学、耳鼻咽喉科学、皮肤性病学、物理诊断学、精神病学、神经病学、放射医学等的具体发展，在此不再细谈。

讲了这么多，可能从医学理论本身、医学技术本身，我们无法明显地感觉到西医入华带给我们的到底是什么，那么从日常卫生习惯这个角度来审视，则很容易理解了。

如上文所述的妇产科学的发展，对我们最为直接的影响就是生小孩不再使用传统接生婆接生的方式了，而是会选择去医院。首先，这是中国人几千年固有意识的一次巨大转变；其次，进医院待产，从卫生措施、技术支持、婴儿成活率等方面，都产生了质的改变。当然，出生的小孩也会更健康，更少受到因卫生条件差而致感染疾病等的侵害。传统接生的方式可能一直持续到20世纪七八十年代（笔者主要是指落后的广大农村地区），当然，21世纪以来，已经很少有那种待产方式了。现如今，每个家庭对孕妇整个孕期的照料是极其重视、极其细致的，从开始怀孕（孕前检查现在也很普遍），定期孕检必不可少，食物营养搭配也更为重要，先进的设备对婴儿的一切健康指标均能检测得到，稍有疏漏或问题，马上进补或解决，所以现在很少听到新生儿夭折的事件，婴儿成活率基本达到了百分之百，而且大多数身体都很健康。同时，孕妇也是受益者，生产过程中不用担心感染的问题，产后恢复也很快。

卫生习惯方面。新中国成立初期传染病大规模流行，很大程度上和人们不良的生活卫生习惯有关系。随地吐痰、随地大小便、饭前便后不洗手、没有条件经常洗澡，城市下水道污水横流、垃圾乱堆，这些脏乱的处所正好是病毒的藏身之处。以疟疾为例，脏乱差的下水道、污水沟、垃圾堆等很容易滋生蚊虫，而疟疾则是通过蚊虫叮咬进行传播的。20世纪30年代，疟疾已经危害到了全国，至20世纪70年代发病率才多有下降。还有由钩虫寄生人体小肠所引起的钩虫病，也多分布在经济、卫生条件较差的地区。

而现在，这些传染病发病率已经得到有效的控制，除了有效的防治措施外，还有一个重要的原因就是人们的生活习惯、卫生习惯大大好转。随着城市工程的发展，尤其在东南沿海的一些大城市里，基本已经看不到脏乱的城市街道卫生了，取而代之的是有序、洁净的街容街貌；个人方面，人们也更加注重自身形象的塑造，包括对身体的清洁、对良好习惯的保持，等等。都是现代医学潜移默化对我们造成的影响，起先是意识层面的关注改变，继而是身体力行的实践与保持。

（三）新兴学科的出现

1. 病理生理学

新中国成立前，病理生理学的相关内容往往被包含在内科学或生理学课程中讲授，基本也没什么研究。1949年后，这门新兴学科才开始了快速的发展。20世纪50年代，病理生理学的发展主要表现在三个方面：首先，是一些教研室的成立，如第三军医大学建立了病理生理学教研室、哈尔滨医科大学建立了病理生理学教研室；其次，翻译相关专著；最后，创建师资进修班。如1954年，卫生部聘请了一批苏联学者，在北京医学院举办了全国性师资进修班，苏联日沃夫医学院病理生理学教研室主任费奥德洛夫教授于1954年协助筹备了"中国首届病理生理学师资进修班"等。至20世纪80年代，病理生理学界筹备组建了多个专业委员会为二级学会，到1990年10月时，已有11个专业委员会宣告成立。

2. 神经外科

神经外科是新中国诞生后的一门新兴学科，新中国成立前，它并没有独立，从事工作者也很少。新中国成立后，从1951年开始，卫生部派涂通今、王维均等人到苏联学习神经外科技术，1952年，又在天津市总医院建立脑系科（包括神经内科和神经外科），由我国神经外科的创始人赵以成教授任主任，1953年，又举办了神经外科进修班，培训了我国第一批神经外科人才，这批学员结业后在北京、上海、天津、沈阳、西安等地医院建立了神经外科；20世纪60年代初，北京、西安、天津等地一些医务工作者开展数例脑干肿物手术；颅内肿瘤和颅脑外伤的手术也逐渐增多，成功率提高。20世纪60年代中期，国内神经外科的发展受到"文革"影响，到20世纪70年代后期才逐渐恢复，而且相继建立了一些新的专业科室。到1989年，全国独立的神经外科专业科室有 400 个左右。条件较好的一些医院都基本上配备了 CT，部分大中规模的医院还配备了 MRI、DSA 等先进设备，过去常用的脑室造影、气脑造影已逐渐被 CT、MRI 代替，为提高诊断准确率创造了有利的条件。

3. 核医学

我国核医学始于 1956 年，国务院在新拟订的科学发展十二年远景规划中将核医学列为国家的一项重点任务，中央军委卫生部在西安创办了同位素测量仪器训练班及同位素应用训练班，为全国各地培训了一批技术人才，这些人后来成为我国发展核医学的中坚力量。

1958—1971 年为推广阶段，该阶段除在北京、天津、上海等地巡回举办放射性同位素应用训练班外，还发展了 131I、32P 和 198Au 等核素的临床应用。1958 年，我国建成了第一座原子反应堆及回旋加速器，生产了常用的放射性核素。多种脏器显像和放射性肾图检查得到推广，核素示踪方法在多种学科中的应用都陆续发展了起来。20 世纪 70 年代末到改革开放以来，核素标记技术、放射性测量技术、临床上脏器显像诊断技术、体外放射分析技术、短半衰期核素应用等发展迅速；核素示踪技术在国家重点科研项目的许多课题中充分发挥了重要作用；我国的自动液体闪烁计数器、自动固体闪烁体样品计数器等仪器设备已能成批生产并更普遍地推广使用，外放射分析的检测样品的品种和应用范围逐年增加，并加强了质量控制，核医学已被列为高等医学院校课程。

国内目前的核医学已成为医院诊断治疗的独立科室，并且在放射药物的研究与应用、放射性仪器的研制与应用、脏器显像的研究与应用、放射免疫分析、核素治疗学等方面取得一些成绩。现已形成北京、上海、四川三个科研、开发和生产基地。钼锝和锡铟发生器成为临床主要的核素来源之一。目前可以进行心、脑、肾、肝胆、脾、淋巴、骨骼、肿瘤等脏器显像。

据 1993 年 3 月的调查报告显示，我国已有近 750 家医疗单位开展了核医学工作，目前，核医学在我国主要的应用是通过放射性的核素或同位素反映生理生化的改变，通过这些改变来诊断和治疗疾病。核医学包括基础研究，包括临床的诊断，也包括临床治疗。目前我国进行的核医学诊断较多。

4. 医学心理学

医学心理学起源于美国，而在我国发展初始阶段为新中国成立后至"文革"前。在这一时期内巴甫洛夫条件反射学说对我国医学心理学界影响较大。1958 年，中国科学院心理研究所、北京大学心理系与北京医学院协作，对神经衰弱病人开展了以心理治疗为主的快速综合治疗，疗效显著，后又推广应用于高血压病、溃疡病等心身疾病和精神分裂症；20 世纪 60 年代初期，粟宗华等人倡导对精神病人进行"教育和再教育式精神治疗"，鼓励并引导病人接触社会现实，参加生产劳动，结合行为反复训练，从而减少精神病人的病态行为，取得很好成绩。

1976 年后，我国医学心理学界从停滞状态中恢复活力，各地医学院校和中级卫生学校陆续开设医学心理学课程。近十年来，全国各地陆续开展了心理治疗工作，一般性或支持性心理治疗和行为治疗较为普遍。钟友彬吸收精神分析的合理部分，承认幼年期创伤体验可成为成年后心理疾患的根源，从分析症状的幼稚性入手，要求病人以成年人的态度对待自己的心理问题，通过解释使病人达到领悟，被称为"中国式心理分析法"。1991 年，首届全国心身医学研讨会在北京召开，我国心身医学进入了一个迅速发展时期。近几年来，随着生物反馈和行为矫正技术的应用和普及，行为医学研究逐渐为人们重视，1990 年中华医学会行为医学及生物反馈学会成立，1990 年，杨德森的《行为医学》专著出版，1992 年 6 月，《中国行为医学杂志》创刊。

5. 医学社会学

我国医学社会学始于 1981 年，当年 12 月 7 日，第一届全国医学辩证法学术讨论会在南京召开，由刘宗秀任组长，并在北京、哈尔滨等地相应设立了分组，这次会议确定了医学社会学重点研究课题，提出了近期工作规划。发展初期，该学科主要致力于培养医学社会学相关人才、加强情报资料工作、办好内部交流刊物，也召开了一些学术会议，如 1984 年在北戴河召开的首次医学社会学学术讨论会，专家们围绕药物滥用、差异行为医学化、医患关系、城市社会学与医学社会学关系等方面做了一些报告。

1986 年后，医学社会学的学术研究重点为：①在已经对医患关系有所研究的基础上，注重对商品经济条件下医患关系的研究，强调病人的经济和法律权利及对慢性病人心理行为和社会态度的研究；②注重对吸毒、性病患者及老年人、军人等特殊社会群体医疗保健社会问题的研究；③对卫生及医院文化的研究；④医疗保健组织和制度的研究；⑤健康概念的研究等。相关著作有 1987 年美国专家恰港特与刘宗秀合著的《医学社会学》，1989 年，郭继志、李恩昌等人主编的《现代医学社会学》，1991 年，由张一鸣主编的《社会医学与医学社会学》，1993 年，由周浩礼等主编的《医学社会学》。

6. 医学哲学

我国医学哲学起自 1952 年国内开展的学习苏联医学和巴甫洛夫学说活动。到 20 世纪 60 年代，医学界掀起了学习《矛盾论》和《实践论》的高潮。20 世纪 70 年代末，医学哲学蓬勃发展起来，从 1978 年 12 月的《中国自然辩证法研究通信》发表邱仁宗、傅素和的"关于开展医学哲学问题研究的几点想法"开始，医学哲学界召开了数次辩证法讨论会，出版了多本医学辩证法和医学方法论著作，如《中医学辩证法概论》《临床医学中的辩证法》《医学科学研究入门》《祖国医学方法论》等。

医学哲学研究的重点之一就是从医学与哲学的关系研究中医理论与实践的演化规律。1956年,《历史研究》发表了任继愈的"中国古代医学与哲学",比较系统地阐述了这个问题,刘长林于1983年编著的《内经的哲学和中医学的方法》的影响也比较大。20 世纪 50—70 年代,关于五行学说产生过激烈的争论。李今庸 1982 年在《读医心得》中评价道,五行学说只适用于一定场合,对它的作用稍一夸大,"就要陷入唯心主义"。艾钢阳 1986 年主编的《医学论》则认为,这一学说"天才地反映了处于自然和社会环境中的人体的一般运动变化规律"。关于中医的理论概念研究目前正与中西医比较研究结合起来,逐步走向深化。

新兴学科除上述提到的以外,另有老年医学、康复医学、运动医学、职业病学和医学人类学、医学信息学、医学教育学等新兴学科,这些特种医学及新兴医学大部分都是从"文革"后开始得到飞速发展的,至今也都在相关研究领域取得了一定进展。

七、新中国成立后西北联大对中国医学事业发展的贡献

新中国成立后,西北联大医学院依旧保留了教书育人、爱国主义的情怀理念,坚持急国家之所急,养国家之所需,为新中国西北地区乃至全国现代医疗事业的发展,做出了重大贡献。

(一)奠定了新兴医学院校和医院的发展基础

新中国成立后,西北联大医学院虽然经过了一系列的变迁和发展,但是其直接的教育理念和医学宗旨却传承了下来,新兴变化的医学院校和以医学院校为核心形成的医院,都对中国现代医学的发展有着重要的贡献。

西安医学院医院早期住院部大楼外景

1950年4月28日，国立西北大学医学院更名为国立西北医学院，医院也随之更名为国立西北医学院附设医院。行政管理归西北军政委员会卫生部领导。1950年12月，国立西北医学院奉西北教育部令改为西北医学院，医院也随之改称为西北医学院附属医院。

1956年5月，西北医学院迁至西安市南郊，西北医学院附属医院的人员、设备均一分为二。经卫生部批准，留在原址的原附属医院改名为"西北医学院第二附属医院"，新建于西安市南郊的附属医院定名为"西北医学院第一附属医院"，至此，附属医院一分为二，成为兄弟院校共同发展。

1956年9月，接高教部、卫生部通知：西北医学院改称"西安医学院"。西北医学院第一及第二附属医院也分别更名为"西安医学院第一附属医院"和"西安医学院第二附属医院"。

1985年7月,卫生部通知:西安医学院改名为"西安医科大学"。同时,西安医学院第一、第二附属医院也随之更名为"西安医科大学第一附属医院""西安医科大学第二附属医院"(简称"西医大二院")。

1991年10月,为加强临床医学教育,西安医科大学第二临床医学院在西安医科大学第二附属医院挂牌成立,与西安医科大学第二附属医院一套班子两块牌子,机构编制人员不变;同年,西安医科大学第一附属医院也成立了西安医科大学第一临床医学院。

2000年4月17日,经国务院批准,西安交通大学、西安医科大学、陕西财经学院三校合并组成新的"西安交通大学"。

其后,两所附属医院也先后随之更名为"西安交通大学第一附属医院""西安交通大学第二附属医院"。

西安交通大学第一及第二附属医院,与第四军医大学是目前并列于整个陕西的三所大型支柱型医疗机构,这三所医院,都与西北联大医学院有着莫大关联,其中,尤以直接继承了西北联大医学院精神和文化的西安交通大学一附院和二附院为最。

西安交通大学第一附属医院建院之初,老一代医务工作者的工作环境及条件并不是很好,但他们克服条件艰苦、设备简陋、交通和信息不畅等诸多困难,集中专业学科精英成立了重大手术多学科协作组,齐心协力攻克了很多医疗技术难关。1959年,医院成功为一例巨型房间隔缺损患者施行了低温下心内直视手术,达国内当时先进水平。1978年,院心血管协作组的"针麻体外循环心内直视手术"和放射科的"大骨节病X线学研究"获得了全国科学大会奖;心外科成功开展的"冠状动脉架桥合并二尖瓣替换术""微创非体外循环下冠状动脉架桥"手术等,均达国际先进水平。1979年,泌尿外科首次开展了同种异体(尸体)肾移植手术,术后恢复顺利,成为西北地区首例肾移植手术。2000年开展肝移植手术,如今已经能够同时进行三台以上移植手术,创造了西北地区肝移植手术开展的数量、质量地位领

位于西安市雁塔西路 277 号的交大一附院

先,存活时间最长的纪录。率先在西北地区开展了活体肾脏移植,成功开展了首例胰、肾联合移植,首例肝、肾联合移植,胰岛细胞移植,移植效果、移植规模和移植水平处于国内领先,分别填补了西北地区多器官联合移植的空白,成为西北地区的肾移植中心。

  如今,西安交通大学第一附属医院成为一所集医疗、教学、科研、康复、预防保健为一体的,归属卫生计生委管理的综合性三级甲等医院。近年来,医院的医教研等各项事业实现了跨越式的发展。新医疗综合大楼、新门诊、急诊大楼相继投入使用。一附院从建院初期202张床位,日门诊量约100人,到今天已拥有开放床位达2600张以上,年门诊量超过190万人次,住院病人9.7万余人次,手术患者3.3万人次的规模。同时,医院医疗技术发展迅猛,很多领域走在了全国前列,填补了多项国内空白,综合实力处于全国先进、西北领先水平。

国内首例腹腔妊娠的婴儿、西北首例试管婴儿在这里诞生;成功完成了西北首例间充质干细胞与造血干细胞非血缘联合移植手术;先心病心脏封堵技术全国领先;成功实施西北首例人工颈椎间盘置换手术;为高龄大面积肺栓塞患者实施西北首例肺动脉血栓消融术;国内首例"下马式"肝移植术、首例磁压榨术治疗胆道狭窄在这里成功实施。医院建立了西北地区最大的重症监护中心(ICU)、消毒供应中心;拥有技术实力最强的心脏重症监护中心(CCU)、呼吸重症监控中心(RCU)、外科重症监护中心。各种内镜、腔镜、血管镜等诊疗技术广泛应用;微创外科、导管介入技术等对常见病、多发病的诊治,特别是在急、重、危、疑难病症的诊治方面均形成了突出的优势。医院有临床专业科室58个,形成了一批具有国内领先和先进水平、特色鲜明的医学学科。医院全面加强学科建设,相继成立了肝胆病院、心血

西安交通大学第二附属医院老门诊楼

管病院、肾脏病院和肿瘤病院四个"学科群",逐步形成了专病专治的学科优势,专病门诊和多学科综合门诊的"一站式"服务。在学科建设的基础上,医院重视医疗技术的创新,使更多疑难危重患者受益。医院从2011年起组织实施心脏死亡器官捐献试点工作,至2013年年底,实施心脏死亡器官捐献91例,共有终末期肾病、终末期肝病、角膜白斑等272位患者因为器官捐献而受益,捐献器官利用率95.1%。目前,医院DCD实施例数位居全国第二,医院组织体制、工作机制和实施规范等方面,在国内最早建立起了DCD的实施体系,对我国公民逝世后器官捐献工作的广泛开展起到了示范和引领作用。2013年,医院爱心接力成功救治先天食管狭窄患者,三星韩籍肾综合征出血热三期重叠患者治愈出院,760克超低体重流产儿抢救存活,成功指导、治愈陕南胡蜂蜇伤重症患者等,彰显了医院的医疗技术创新成果和危重病人救治能力。医院强调科学技术的创新,特别是2011年国内首例"下马式"肝移植术、2012年首例磁压榨术治疗胆道狭窄的实施,彰显了医院的医疗技术创新和重危病人救治能力,也分别被评为2011年度和2012年度西安市十大科技新闻之一。

西安交大一附院逐渐发展为学科门类齐全、师资力量雄厚、医疗技术精湛、诊疗设备先进、科研实力强大的大型医疗机构,成为西部地区乃至全国的医疗卫生事业发展中不可或缺的重要力量。

现在的西安交通大学第二附属医院也发展为卫生部直属的一所集医疗、教学、科研、预防保健为一体的大型综合性国家三级甲等现代化医院,目前,拥有47个临床医技科室、研究室和专科病院,开放病床1600张,大型医疗设备资产达2亿,年收住病人4.5万余人次,年门诊、急诊量108万人次。现有教职员工3000余名,其中有400多名副高级以上专业技术职称专家、37名博士生导师、60名享受国务院和陕西省特殊专家津贴的教授。现有多个临床学科系设有临床医学博士后流动站,二级学科博士点6个,三级学科16个,硕士学位授

西安交大一附院 20 世纪 90 年代全景

予点覆盖全部临床、医技科室。280 多位专家分别担任省级以上专业学术组织中的主委、副主委、常委等职务。

医院各学科持续稳步发展，特色鲜明，经国家相关机构审批：泌尿外科为国家重点学科，皮肤病专业为国家重点培育学科，骨科、消化内科和临床专科护理为国家临床重点专科，中医科为全国综合医院中医药工作示范单位，骨外科、普通外科、呼吸内科、耳鼻咽喉科、血液内科为陕西省医学重点学科，皮肤病院、消化内科、眼科、泌尿外科、麻醉科为陕西省优势医疗专科，中医肾病学科为陕西省中医重点学科。

除此之外，经国家政府有关主管机构审定，4 个陕西省专科质量控制中心（耳鼻咽喉疾病、消化疾病、皮肤病性病、超声诊断）、陕西省胃肠动力疾病重点实验室、卫生部第一批四级妇科内镜手术培训基地，以及陕西省生物治疗转化医学工程研究中心也依托在西安交通大学第二附属医院。

学术交流方面，医院重视并先后积极与美国、英国、法国、日本、俄罗斯、加拿大、瑞典、澳大利亚等国家，以及我国香港、台湾地区的医疗机构建立了广泛的学术交流关系。派出数千人次的医护人员参加学习研修和学术交流，许多专家被邀请在国际学术会议上将他们的最新研究成果进行大会报告。这些外出学习人员回来后许多已成为医院医疗、教学、科研的骨干和学术带头人。

至此，西北联大的医学院及其附属医院完成了所有的演变过程，发展为现在在西北地区有着举足轻重作用的两所大型三甲医院。西北联大医学院虽然最终消失，但是，其原有的医学基础、教育理念却被完整地继承了下来，为新兴医学院校和医院的发展，奠定了基础，为其在中国西北地区大型三甲医学地位的确立，提供了有力的支持。

（二）对第四军医大学建立和抗美援朝胜利的巨大贡献

作为陕西三所大型支柱型医疗机构之一的第四军医大学，它在新中国成立初的建立发展过程中，西北医学院起了重要作用。

第四军医大学的西京、唐都医院都有各自的发展源头，即从红军延续下来的红军医学院校，如在陕甘宁边区就有中央医院、白求恩和平医院等，解放战争中随着部队南征北战，做出了重要贡献。1949年，西安解放后，第四军医大学进驻西安，接收国民党军队医院，但由于当时第四军医大学缺少高级医疗人员，便在地方上征召部分教授。随后，中国人民解放军第十九兵团以司令员杨得志、政委李志民、副司令耿飚、副政委潘自力联合署名，并由副司令员等高级领导亲自上门送教授聘书，先后邀请西北医学院刘蔚同、刘新民、张迺华、隋式棠、迟汝澄、王耕、靳连仲等多名教授来四医大担任教授，为部队培训医务人员。这些教授，都是西北医学院的著名教授，在很多方面功绩卓著，这些人进驻第四军医大学后，迅速成为其中坚力量，为第四军医大学的建立和发展，做出了重要贡献。

1950年6月，美国侵略朝鲜，朝美战争爆发，为了支援朝鲜战争，1950年6月，毛泽东号召"全国和全世界的人民团结起来，进行充分的准备，打败联合国的任何挑衅"。1951年2月25日，中国人民志愿军第十九兵团所属第六十三、六十四、六十五军陆续由安东进入朝鲜参加抗美援朝战争。

与此同时，西北医学院也组织了50多名医护人员报名参加抗美援朝，其中包括西北医学院外科医师刘文善、内科医师赵子慎等一大批著名医生。随后，西北医学院又派出200多人参加输血队。1951年医学院负责接收的及从火车站护送转运到陆军医院的志愿军重伤员共300多人。甚至为掌握防止细菌战的方法，医学院还举办了短期防疫训练班，陕西各地780多人参加学习，为攻克朝鲜战场上的细菌战问题，做出了重要贡献。

自1950年抗美援朝到1952年年底，医学院广大师生多次开展捐献活动，向前线捐款9377万元，书本170本，医疗器械、药品80多种以及各种捐献袋，学生组织洗衣队、宣传队、慰问队，自愿为志愿军伤员洗衣服、写家信、表演文艺节目等。西北医学院在抗美援朝战争中起到的是医疗保障的作用，为抗美援朝的胜利，做出了重要贡献。

（三）培养了众多现代医学人才

人才培养方面，1949年前，医学院每届招生不过30—50人，1950年后，招生人数逐年快速增加，到20世纪60年代初，每年招生人数已到300—400人，一年培养的人才等于1949年前十年中培养的高级人才。医学院原是全国招生，毕业后分散到全国就业，之后逐渐固定到西北招生、省内招生，西北或省内分配。西北地区各医院都有西北医学院分配去的医学人才和卫生管理干部。在陕西，基本上各市县级医院的主力医务人员和带头人主要都是医学院培养出来的，包括卫生专业管理干部。可以这么认为，从20世纪50年代起，陕西乃至西北的现代医疗体系主要是在西北联大医学院、西北医学院培养的人才上建立的。

除正常招生外，医学院还举办了各类的专修班，为新中国迅速培养了大批现代医学人才，支援了中国医学的现代化建设。

20世纪50年代为适应经济的快速发展，国家迫切需要大量医学卫生人员，于是，卫生部和西北卫生局委托医学院举办了许多进修班，快速培养医学人才，主要对参加革命工作较久的卫生干部，予以专科教育，使之成为专科医生。1950年，医学院开办高级护士学校。1951年开始开办中级药科学校、外科专修班、皮花科专修班，又增加了内科专修班、公共卫生医师训练班；同年，为了满足新中国医疗卫生事业快速发展的需要，医学院受中央卫生部和西北军政委员会卫生部委托，在开办皮肤花柳系的同时，先后举办了两年制的皮肤花柳病专修科、外科专修班、内科专修班、牙科医师训练班。1952年开办工矿卫生医师班、牙科医师训练班、护士助理员训练班（包括儿童护士助理员）。1954年成立工农速成中学，招收西北各级卫生机构中的工农成分或工农家庭出身的、参加工作三年以上具有小学文化程度的初级或部分中级卫生人员。以上各班人数多在30—40人，学制两年。1956年受雁塔区人民委员会委托举办训练班（业余医学专科学校），为农业社培训保健人员70名。从新中国成立到1956年，医学院已经培养了大批初、中级卫生人才，基本满足了国家大规模、快速建立覆盖全社会的初、中级医疗卫生防疫网络的迫切需要，医学院及附属医院成为国家、西北地区培养进修医师的主要基地，专修班培养的高级人才遍及全国。此后，医学院及其附属医院依旧坚持培养医学人才，充实着中国的医疗卫生体系。至1966年按入学的期数排到32期，毕业本科医学生累计5835人。"文革"暂时停止招生后，1972年起又招收了五期工农兵学员2112人，至2000年与西安交通大学合校，各类毕业人数累计达 20700 名，从合校后的 2000 年至 2007 年，毕业各专业本科生 4343 名，硕、博研究生 3321 名。

总而言之，在人才培养方面，医学院以西北联大教书育人和爱国主义情怀为宗旨，以西北地区为依托，以面向全国为目的，为新中国培育了大批优秀的医学人才，扭转了新中国成立初期现代医学人才市场匮乏的状况，为中国现代医学事业的发展，做出了重大贡献。

（四）促进了西北地区城乡医疗体系的建立

中国是以农业为主的国家，存在着许多农民，在那些不甚发达的农村地区，基础卫生医疗状况十分落后，所以，城乡卫生医疗体系的建立，十分重要与迫切，尤以西北地区为甚。

而西北联大医学院建立以后，这种情况得到了解决。西北联大医学院及其附属医院，从建立之初就开始着手中国西北地区城乡卫生医疗体系的建立，而且从医学院成立到新中国成立这一段时期内，建立城乡基层医疗卫生体系的工作便从未停止过。

新中国成立后，这一工作得到了加强，最终初步建立了中国西北地区城乡卫生医疗体系。新中国成立初期，医学院大规模建设医疗卫生网络、举办各类疾病防治学习进修班防治传染病、流行病，为此付出了极大的人力、物力，做出了非常大的贡献。

1958 年，实行医务人员分批下放汉中等地参加农业劳动与医疗相结合的活动，培养农民的现代医学知识。20 世纪 60 年代，医学院开始贯彻毛主席的"把医疗卫生工作的重点放到农村去"的指示，实行大规模的下乡、下放活动，医院抽调了三分之一以上人员下乡搞巡回医疗，工作方法是游村串巷，送医上门，看病看到哪里，医疗队就住到哪里。之后整个 20 世纪 60 年代，两个附属医院和医学院在内有近半人员在工矿企业和基层农村巡回医疗或科研蹲点，仅 1966 年就派出了 6 个配合"四清"巡回医疗队轮流下乡，诊治病人达 13355 人次。再如原定去延长县文安驿一年的巡回医疗队，1967年10月发生"武斗"才完全撤回参加"文化大革命"。由院长带队的克山病防治研究机构和内科、中医科专家长期在疫区工作，很多医务人员因此得了心脏病或心肌受损。1969年，曾把两个附属医院将近一半的人员下放到延长、合阳、白水、西乡、丹凤、紫阳等地的基层各县乡、镇医院，其中包括一半以上的知名教授和高年资的医生。与以往不同的是，这些人是带着户口和工资关系下去的。这对医院发展的破坏性影响极大，许多医疗工作都因此停顿和废止了。这些人下去后，也发挥了不少作用，但代价太大。直到1974年后，大部分医务人员才陆续回到原单位，一些人留在了原地，一些知名教授到了其他医院，如著名外科教授王树梓、耳鼻喉科教授李国璋、皮肤科刘树德等去了中医研究院。

在陕西省重大突发自然灾害、重大疫情的医疗救援和防治工作中，医学院专家数十年来始终被委以主力军和最高权威的重任。2003年的非典防治中，政府成立的专家组，就是由医学院一、二附院的学科专家担任首席专家和组长。

与此同时，与西北联大医学院有密切关联的兰州医学院，以及在西北联大医学院帮助下在西北成立的些许医学院校，也在同一时期，积极开展医学人才下乡、下放活动，开办基层诊所，传授基础医学知识，开展卫生、传染病防治宣传，真正从基层、基础上，为城乡卫生医疗体系的建立，做出了重大贡献。

总而言之，中国西北地区城乡卫生医疗体系的建立，与西北联大医学院有着莫大的关联，可以这样说，西北联大医学院，促进了中国西北地区城乡卫生医疗体系的建立。

（五）对一些疑难杂症的攻克

新中国成立初期，中国偏远落后地区流行性疾病严重，一些疑难杂症也时常困扰着百姓生活，使人民生活十分困苦。为了解决这些疾病问题，政府实行了一系列措施，最终取得了突破性的成就。其中，西北医学院在攻克流行性疾病方面，做出了很大的贡献。

西北医学院积极配合政府，派出了各类医疗队和防治队进行大规模的流行病传染病的普查、治疗和宣传工作。如1951年，受西安市卫生委员会指示，组织53名学生组成西安市卫生工作防疫队，深入86个村、10个居民点进行卫生宣传和防疫注射，注射疫苗20785人次，并在各乡建立了卫生基层组织。

1953年的时候，医学院组织皮肤花柳专修班实习学生，分成两组到青海海晏县参加青海民族防疫队进行性病防治工作，派医疗队去宁夏、内蒙古参加性病防治工作，为我国在20世纪50年代消灭性病做出了贡献。1953年7月至1954年7月，眼科教研组先后组织了8个眼病防治队，到咸阳、渭南、宝鸡、汉中、安康、铜川、蓝田等地区进行眼病防治工作达45次，共检查治疗了11481名、19982人次眼病患者，给6164名工人、中小学生检查沙眼，同时进行群众性卫生宣传工作。1955年，皮肤性病学教研组带领实习学生实习的同时，协助汉中地区专员公署开办皮肤性病防治专修班，协助检查治疗麻风病人，治愈十多名患者，之后数十年长期在汉中研究麻风病的防治研究，扭转了麻风病是不治之症、传染性大的错误认识，支持麻风病病愈患者回归社会，促进了我国麻风病的防治工作。其研究者邓云山等获马海德奖。

1956年，根据卫生部医学科学委员会指示，确定将地方病，即柳拐子病、吐黄水病、甲状腺病、侏儒症列入重点科研项目，成立大骨节病研究室、克山病研究室等科研机构，并派出大批科研人员冒着对自己身体产生严重危害的危险，到克山病疫区开展长达十余年的科研和治疗。1958年，开始取得了一些成果，1960年，派出有中医参加的医疗抢救队抢救了黄龙县上畛子农场117名克山病患者。研究室对克山病的多项研究取得了突破性进展，其口服亚硒酸钠预防克山病效果,及硒与克山病关系的研究、大剂量维生素 C 注射液治疗急重症克山病的临床疗效及其原理探讨、大骨节病的病理形态学研究、大骨节病 X 线学研究获 1978 年国家科技大会奖,尤其 1960 年大剂量 VC 抢救急性重症克山病心源性休克疗法取得了突破性进展并在全国得以推广,使克山病病死率由原来的 86% 下降为 5%。在 1964 年的全国地方病大会上,这一疗法被誉为"克山病治疗史上划时代的里程碑",1984 年,被《健康报》列为新中国成立 35 周年二十项重大医药卫生科技成果之一,获国际克劳茨·斯瓦茨奖。首次提出的"克山病水土病因学说"为硒预防克山病发病的研究奠定了理论基础,并取得了显著的效果。1965 年,组织了克山病防治调查队,475 名师生参加,历时两个月,调研了陕西省黄陵、黄龙、洛川、淳化、永寿、彬县、长武、商县、洛南等 10 县的 43 个大队,对 1307 个生产队 89218 人进行了抽样调查,写出调查材料 1901 份,收集了大量第一手资料,为研究和制订克山病综合性预防措施提供了有意义的线索。

西北医学院在中国西北地区流行性疾病和疑难杂症的防治、攻克方面,功绩卓著,为中国西北地区乃至全国人民生活水平的提高,做出了重要贡献。

（六）涌现出了一批新的医学专家

新中国成立后,在两所附属医院的发展过程中,涌现了一批新的专家学者,他们以扎实的技术、崇高的道德,在各个领域做出了巨大的贡献,如戈治理、刘绍诰、殷培璞、李义方、高慧等。

西北地区神经外科创始人——戈治理。西安交通大学第二附属医院是我国神经外科的创始地,而戈治理,便是这门学科的创始人。戈治理出生于河北省,1946 年毕业于西北大学医学院。毕业后,戈治理先在南京前中央大学医学院任教,1949 年 5 月进入国立西北大学医学院附属医院外科工作。新中国成立后,戈治理在一无所有的条件下创办了西北医学院第一附属医院神经外科,并带领同事开展了神经外科的工作。戈治理利用极其简易的器械和他娴熟的神经外科解剖知识,在我国率先开展了脑部肿瘤的临床研究工作,如脑干肿瘤切除,第三、四脑室肿瘤切除术,简易立体定向苍白球毁损治疗帕金森氏病等,为我国神经外科临床的开展做了大量的工作,奠定了其发展基础。值得一提的是,戈治理教授还是一位著名的普外科教授。20 世纪 60 年代,戈治理勇闯生命禁区,在医疗条件简陋的情况下,凭借娴熟的解剖技术和丰富的临床经验,成功进行了两例脑干肿瘤手术,打破了当时"脑干是手术禁区,脑干肿瘤是不治之症"的传言。国内地区首例三脏器联合切除术也是由戈治理完成的,这次医学手术,在全国乃至全世界都有重大意义。

医学权威——陈向志。陈向志,河北丰润人,1940 年毕业于西北医学院,曾先后在重庆宽仁医院、桂林省立医院、湖南省立医院等多家医院工作,积累了丰富的经验。于 1950 年调入西北医学院附属医院(即现在的西安交大第二附属医院)工作。陈向志先生的一生,主要有两方面卓越的贡献,一则是在抗日战争期间,他随军前往滇缅边境修筑公路,在艰苦卓绝的环境中,为抗战做出了重大贡献。二则便是其在医学上的贡献。陈向志严于律己,热心培养医学人才,对西北医学院附属医院心胸外科的建设工作,起到了重大推动作用。与此同时,他还精研医学,不断提高自己的医学水平,在 1960 年成功完成了低温麻醉的心脏室间隔缺损修补手术,使当时所在医院成为西北地区第一家、全国第三家(除北京与上海)可以进行此项手术的医院。随后,陈向志又和其他同志相继完成了多项攻关难题,轰动了国内医学界。陈向志对中国现代医学的发展,贡献卓著。

我国著名肝胆外科专家——刘绍诰。刘绍诰,山东莱阳人,1948 年,刘绍诰毕业于国立西北大学医学院,同年进入西北医学院附属医院外科工作。刘绍诰是我国著名的胆外科专家,同时也是交大一附院肝胆外科的创始人，其胆外科手术在全国范围内有口皆碑。其20世纪80年代独创的"无血切肝术"，挽救了多名原发性肝癌患者，被媒体赞誉为"肝癌患者的福音"。刘诏诰的手术也成为西北地区医学发展史上的里程碑。

西北传染病科奠基者——李义方。李义方，河南舞阳人，1948年毕业于国立西北大学医学院，同年进入西北医学院附属医院工作。李义方教授是西北地区传染病学奠基人，为了规范传染病治疗、医护分工，他重新制订了传染病诊疗指南，使其成为一附院最早、最原始的传染病学诊疗指南，同时，也为传染病学日后的大发展奠定了扎实的基础。同时，李义方在学科建设、人才培养、教学科研等方面，都有其独特的贡献，促进了中国西北乃至全国传染病防治事业的发展。

交大一附院妇产科第一人——王秉正。王秉正，女，陕西高陵人，1939年考入齐鲁大学医学院，毕业后，于多伦多大学攻读博士学位进行深造，1948年进入国立西北大学医学院附属医院工作，是西安交通大学第一附属医院妇产科的创始人，同时，也是新中国第一代医学女博士。在医学方面，她创建了西安交大一附院妇产科，努力改善新中国成立初期产妇难产、婴儿破伤风等疾病，获得了巨大成功。同时，王秉正还坚持利用节假日，深入农村进行普查，治疗妇女疾病达万人次，救治病人不计其数。20世纪80年代后，王秉正教授着手进行科研项目，她参与的计划生育"六五"攻关科研项目"提高不锈钢O型宫内节育器避孕效果的研究"和她所领导的教研室，在激光技术、染色体新技术、显微外科输卵管再通术、滋养叶细胞肿瘤的诊治等方面，均居国内先进水平。同时，王秉正还参与编写过多部医学著作，如《妇女保健学》《实用中西医结合妇产科学》《妇产科教学病案》等书籍，为我国妇女疾病的防治、普及、教育，做出了重大贡献。

大骨节病的克星——殷培璞。殷培璞，陕西汉中人，1949年毕业于国立西北大学医学院，同年进入西北医学院附属医院外科工作。后师从著名骨科专家方先之教授,开始进行骨科研究。为了进行骨科研究,殷培璞曾深入全国各地,收集、整理民间正骨治伤验方 2000 多个。对骨科学的精心研究,也使殷培璞对地方大骨节病有了深入的研究,形成了治疗之法。大骨节病(俗称"拐柳子病")是一种慢性、畸形性骨关节疾病,以关节软骨和垢板软骨的变形与坏死为基本特征,是一种严重危害人民身体健康的地方病。患者轻则关节肿大、僵硬、疼痛,有运动障碍,重则四肢短小畸形,手不能握,腿不能蹬,甚至完全失去劳动能力。为治愈这一疾病,通过研究,殷培璞首创了大骨节病临床检查法,提出了"吃杂、改水、讲卫生"的综合防治理论和学术思想,综合防治措施也在试验点区取得了显著的效果,患病率由 74% 降低到 8%,且控制了大骨节病的新发,现在,此法已在全国推广使用。除了大骨节病外,殷培璞在其余骨科疾病方面,也有重大建树,如殷教授创用了"手指触诊复位股骨颈骨折并固定"法,这一方法解决了基层医院没有 X 线机时治疗股骨颈骨折的问题;20 世纪 70 年代,殷教授在救治唐山大地震伤员中,创用了"盆箍及高低杖治骨盆骨折",为抗震救灾工作立了功;此外,殷教授还在西北率先开展了颈椎病手术,独自开创了大骨节病关节功能重建与修复、小儿麻痹后遗症的治疗方法。殷培璞在中国骨科研究中,具有重要地位,促进了中国骨科研究的发展。

心血管疾病的专家——杨鼎颐。杨鼎颐,上海市崇明县人,1949 年毕业于国立西北大学医学院,后进入西安交大一附院工作,是我国著名的心血管疾病专家,西安交大医学院第一附属医院心血管内科奠基人。在医学方面,20 世纪 50 年代初,杨鼎颐努力提高心血管疾病的诊断水平,倡导并形成了心内科、心外科密切配合的传统,大大提高了心脏病的治疗水平。1956 年,杨鼎颐协助外科成功开展了二尖瓣交界分离术,开创了西北地区手术治疗风湿性心瓣膜病的先例。20 世纪 70 年代初,杨鼎颐与物理教研室合作研制了人工心脏起搏器并成功应用于临床，且一直保持着优势，尤其是在生理性起搏方面居国内领先地位。1985年，他首先提出"心衰的选择性治疗"的新概念，并着手进行细胞及分子水平的实验及临床研究，并于同年进行"少年儿童高血压易患因素的识别与预防"的研究，均取得了重大突破。杨鼎颐先生的一生，为我国心血管疾病的发展，做出了重大贡献。

西北内分泌科的建设者——高慧。高慧，女，山东人，1953年毕业于西北医学院医疗系，同年进入西北医学院附属医院工作。曾先后在泌尿内分泌科、内分泌科工作，她是西北医学院第一附属医院内分泌科的创始人。为了内分泌疾病的防治，20世纪70年代末，高慧亲自带领科室人员创建了内分泌科实验室；为了让内分泌科的医疗和科研水平能迅速追赶世界先进水平，高慧组织科内人员每周进行半小时的国外新知识交流会，让大家互相交流在外文书上学习到的内分泌学科的新方法、新技术，并将学习的成果运用于实践，反映在疗效上，高渗性非酮症糖尿病昏迷的死亡率由当时最高的70%降低至不到10%，有效地提高了疾病的治愈率，降低了复发率；为了培养人才，高慧从年龄层次、研究方向等多方面综合对人才进行选拔与培养，竭尽全力给每个人提供适合的施展机会，建立了西北乃至全国难得一见的老中青三代无断层梯队结构。正是由于高慧的努力，形成了自己的特色和优势专业，使医院在Graves甲亢、甲状腺结节及肿瘤，以及疑难甲状腺疾病的综合诊断和治疗方面处于国内先进水平。现如今，交大一附院内分泌科对陕西、西北，甚至全国的辐射影响作用已经不容忽视。

生命不息的医学工作者——孟绍菁。孟绍菁，女，山西清源人，1957年毕业于西安医学院医疗系，同年进入原西安医学院第一附属医院（今西安交通大学第一附属医院）外科工作。孟绍菁医德高尚，曾深入陕西各个地区，开展医学工作，开展各种疾病的预防与治疗，将健康带进了千家万户，是陕西著名的外科专家；她视事业为生命，曾带领四名年轻的医生，仅1999年一年就完成外科手术336例，其工作量是过去三年的总和！重危病人抢救成功率由原来的70%提高到近年的95%以上；她医术高超，在手术台前站了47年，仅她所做的胆囊切除手术，就为3000多位病人解除了痛苦，而无一例差错事故发生；她视病人如亲人，节假日几乎都是在病房同病人一起度过的，特别是对生活不能自理的工人、农民患者，她更为关心，病人医生尽皆称颂。孟绍菁是医生的楷模，有着崇高的医德与职业素养，对现代医学的发展，起到了重大的推动作用。

除以上各位专家外，还有很多专家默默耕耘、奠定根基、福泽后人。然而，我们看到的种种发展和创举，很多成果都与"开疆拓土"的开创者们密不可分。再向前追溯，西北联大代代传承的优良作风、学科经验，显然已经深深植根于其后发展的历程之中。

八、总 评

综上所述，从西北联大医学院的发展历程可知，其发展历程，显然是中国现代医学发展历史的一个缩影。它起源于中国现代医学科学的创生期，从京师大学堂医学馆的预演，到第一个由中国政府兴办的真正意义上从事现代医学教育的学校——北平医学专门学校，嬗变为国内外知名的高等医学学府——北平大学医学院和附属医院，成就和培养了一大批中国早期现代医学学科具有开创性和奠基者地位的医学大家，对中国医学科学事业的发展居功至伟。1937年，在日本侵华战争的冲击下，中国的教育事业包括医学科学事业发生了剧烈的震荡，在反抗日本帝国主义军事侵略和文化侵略的对决中，为了民族大义和存续中国教育文脉，国立北平大学医学院及其附属医院毅然决定内迁陕西。国立北平大学医学院及其附属医院先后更名为国立西安临时大学医学院和国立西北联合大学医学院，名称虽存在不足两年，但以此为节点，由临时到联合再到地方化，承上启下，延续为国立西北医学院、西北大学医学院、西北医学院、西安医学院、西安医科大学和西安交通大学医学部及其附属医院。西北联大医学院传续并保存了中国最早的现代医学高等教育薪火，会同陕甘医学，奠定了中国西北地区现代医学教育和医学科学事业的基础，担当起西北医学事业领军旗帜，书写了中国现代医学事业曲折顽强的传奇发展篇章。

西北联大在中国现代医学事业发展史上，功劳卓著，对中国现代医学事业的发展，主要有以下四方面的贡献：第一，西北联大医学院是中国最早建立的医学院之一，奠定了中国西北地区现代医学教育的基础，无论是其前身还是后来在渐变过程中，都影响着中国现代医学教育事业的发展进程；第二，西北联大医学院以及其后的继承者，皆秉承爱国主义情怀，在抗日战争以及后来的抗美援朝战争中，为抗日战争和抗美援朝的胜利，做出了重要贡献；第三，身具现代化精神，培养了众多现代医学人才，其中许多甚至是中国现代医学学科的奠基者，促进了中国医学事业现代化的发展；第四，在中国城乡卫生医疗体系建设中，西北联大医学院及其相关院校，都起到了十分重要的作用。

总而言之，西北联大医学院在中国现代医学发展史中，具有重要位置，甚至可以说，中国现代医学源起西北联大，也绝不过分。

人物传记

爱国重教　功德永垂
——纪念爱国教育家、病理学家徐诵明先生

□杨春德　于炜武

一、正直爱国　艰难求学

徐诵明先生（1890—1991），是著名的爱国者、教育家、中国病理学奠基人、多所大学的老校长。在他走过的人生征程中，他正直爱国、严谨治学、知人善任的品格和满腔的爱国热情，深受人们的崇敬和爱戴。

徐老是一位爱国者，对国家的热爱和报效，贯穿了老先生的百年人生，也贯穿了中国从沉疴昏睡中站起来、迈开巨人脚步的过程；而纪念徐老最好的方式，则是把他的报国精神和治学态度发扬光大。徐诵明生于1890年，自小受到塾师家庭环境影响，13岁即考入浙江高等学堂（今浙大前身）预科。1907年，旧中国正被清政府带向灭亡的边缘，不

20世纪20年代的徐诵明

断加大的科技与经济差距,被列强不断践踏与凌辱的现实,使得大批爱国志士涌现出来,这一切在年轻的徐诵明心里播下了报国救民的种子。浙江省掀起的反英护路风潮,让徐诵明坚定了科学救国的决心,他依靠同学的资助瞒着家人远赴日本留学。作为第一批赴日留学的学生,缺乏交通工具,徐诵明便乘坐风险极大的小火轮开始了远渡重洋的求学之旅。

当时的日本不能平等对待中国人,尤其是在日本求学的中国学子,他们很难在正式的大学接受教育和毕业。但徐诵明刻苦学习,考入日本第一高等学堂预科,1910 年预科毕业后进入冈山第六高等学校学习,并结识了当时的三年级学生吴玉章,他们经常在一起讨论国内形势。徐诵明还与郭沫若等人一起组织"夏社"声援国内革命活动;同时,因为经常去同盟会驻东京办事处,徐诵明结识了章太炎先生,并由其介绍加入了中国同盟会。

1911 年 10 月,国内爆发武昌起义,徐诵明即刻弃学回国参加辛亥革命。在沪参加了徐锡麟之弟徐锡骥主办的陆军卫生部,担任革命军上尉连长。后因孙中山辞去大总统一职等政局变化因素,他于 1912

夏社成员合影　夏禹鼎(右一)郭沫若(左三)徐诵明(左一)

年重返日本学习。自冈山第六高等学校毕业后，他考入日本九州帝国大学医学院，因成绩优异，1916年即被北京医学专门学校（北平大学医学院前身）聘任。由于想深入钻研医学，1918年徐诵明毕业后仍留九州帝国大学从事病理学研究。1919年秋，他回国任北京医学专门学校病理学教授直至1928年。在北京医学专门学校，他创建了由国人自己主办的中国第一个病理学教研室并担任主任，他还应日本同人会的请求，将日本病理学家木村哲二博士的《病理学》著作上、下册译成中文。1920年，他负责审定了病理学的中文名词。这一工作的重大意义在于奠定了用中文讲授西方医学的基础。他为引进病理学理论、创建中国病理学学科、积极培养病理学人才，做出了重大的贡献。

二、立志报国　投身教育　支持进步　任人唯贤

1928年5月，徐诵明回到北京任教于京师大学校医科，8月，他带领北京医科大学进入国立北平大学，并和河北大学医科组成北平大学医学院，由他担任院长。从此，北京医学专门学校进入了国立大学的序列。1929年，徐诵明创办了国立北平大学医学院附属医院（今北京大学医学院第一附属医院）。1932年，徐诵明出任北平大学校长至1937年。徐诵明开明爱国，为人正直，他推崇蔡元培先生"兼容并包"的教育思想，重视人才，任人唯贤，提携后进。1934年，他聘请范文澜、许寿裳为北平大学女子文理学院的负责人。1935年，日伪炮制的冀察政务委员会，在未征得徐诵明意见的情况下，即在天津日本人办的中文报纸上公布其为该委员会委员，并以恐吓拉拢的手段相威胁，但遭到了徐诵明的严词拒绝。徐诵明立即向行政院驻北平代表何应钦声明，坚决不同意加入这个汉奸组织，也不参与他们的任何活动，坚决要求把自己的名字从委员会中除去。他与北平各界知名人士蒋梦麟、梅贻琦、胡适、李蒸等人联名，通过路透社向全世界人民表

北平大学医学院

达中国人民反对华北自治的意愿，此时北平大学、北平师范大学、北京大学、清华大学等在京的师生上街游行，要求国民政府抗日，揭露日本侵华的野心，反对华北自治，不少学生被国民政府逮捕镇压，这就是著名的"一二·九"学生运动。徐诵明闻讯后，立即到市党部保释被捕学生。1937年，国民政府教育部部长王世杰，密电校长徐诵明，提出要解聘北平大学法商学院的五名教授，即陈豹隐、李达、程希孟、许德珩、沈志远，认为他们是倾共分子，关于这几位教授的政治立场，作为校长的徐诵明是清楚的。随后，他去南京找王世杰说：

北京大学医学部所立的徐诵明铜像

"学校聘请教授,一向只问其学问如何,不论政治派别。大学校长的任命权在于教育部,教授的聘请和解聘则在学校,教育部怎好越权下令?"为此事,国民政府教育部对徐诵明甚为不满。此事一直拖至七七事变爆发前夕,国共合作、共同抗日时,才不了了之。

三、主政西北联大　发展西部教育

七七卢沟桥事变后,日军进逼北平。国难当头,为保存教育国本,保护师生和教育资源以延续国家高等教育,国内 70 多所大学依国民政府指令纷纷内迁。其中最重要者是由京津地区六所大学三三合并而产生的西南联合大学和西北联合大学。而西北联合大学的成立过程则极为复杂曲折。

1937 年,北平大学、北平师范大学、北洋工学院合并成立西安临时大学,徐诵明任西安临时大学常务委员会委员,与其他常务轮流主持校政(临时大学不设校长)。在此期间,徐诵明还兼任该校的法商学院院长。1937 年年底,由于正面战场大溃败,上海、太原等地相继失陷。1938 年,日军逼近风陵渡,陕西的门户潼关告急,西安临时大学不得不再迁往汉中,饱经艰辛的流亡学子们不愿迁校,抗战爱国的激情日益高涨,时刻准备奔赴战场。作为校长的徐诵明深深地理解广大师生的爱国情怀,但他更懂得作为校长,保护好国立大学师生们的生命、设施、图书、资料等资源,对于中华民族是何等的重要。所以他和其他常委们,一起向师生们讲明道理,团结一致,使大家认识到,保护好国立大

在陕西办学的徐诵明

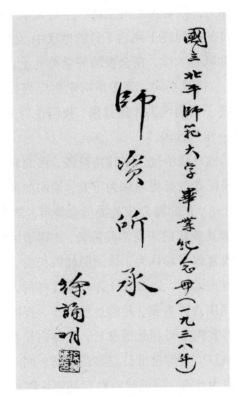

国立北平师范大学毕业册（1938年）
内的徐诵明题词

学让它正常运行也是抗战的重要任务。由于汉中离西安很远，加之人员很多，为此学校成立了以徐诵明为首的17人迁移委员会。1938年3月16日，西安临时大学正式迁离西安，全校以军队编制组成，在校常委徐诵明的带领下，由西安出发，先乘火车至宝鸡，再从宝鸡到陕南汉中。当时，去汉中盆地唯一的道路，就是川陕公路。这条公路要翻越秦岭山区，路经双石铺等地，路途十分惊险，常有车翻人亡的事情发生，但是西安临时大学的教职员工不顾艰辛带领学生，以前线战士的爱国精神鼓励自己，行军250多公里，过渭河，越秦岭。吃不上饭，累了就睡在路边，过着流亡的生活，但是大家互相帮助，克服困难，经过半个多月的时间终于到达了目的地汉中。之后，西安临时大学改名为国立西北联合大学，在全校的开学典礼上，校常委徐诵明先生在讲话中指出："抗战期间，高等学府学生应当如何抗战救国？不一定非得拿着枪杆子到前线去才是救国，我们在后方研究科学，增强抗战的力量，也一样是救国。"

1938年7月，抗日战争进入了相持阶段，西北联大师生的爱国进步倾向，早已使国民党教育当局深为不安，他们加强了对进步教授的控制，增派了胡庶华、张北海为校务委员会委员、常委。1938年9月，校常委徐诵明请辞其兼任的法商学院院长，并聘请历史系主任许寿裳为院长。国民党教育部当局认为，徐诵明任院长时，实行了许多开明的政策，已经走得很远了，怎么能让许寿裳这样的人来当这个院长。他们组织了三青团围攻许寿裳，并越过校常委，直接任命张北海为法商学院院长，许寿裳先生得到此消息后，立即向校长徐诵明辞职，徐诵明表示同情并抗议，立即批准许寿裳的请辞，同时，他个人也向教育部提出辞呈。因为此事，国民政府教育部部长陈立夫对徐诵明非常不满意，以解散西北联合大学威胁徐诵明。1938年年底，国民政府教育部当局训斥徐诵明，指责西北联大承袭北平大学法商学院的做法，讲授马列主义观点的社会科学课程以及开设的俄文教程，引进了共产主义学说，随后立即下令严禁商学系学生学习俄文，徐校长不予理睬。1939年，教育部部长陈立夫一面派特务带枪驻校监视，另一面密令校长徐诵明解聘西北联大曹靖华、韩幽桐、沈志远、章友江等10余位进步教授，徐诵明坚决不执行，并与西北联合大学中的40余位教授一起愤然辞职。同年，西北联大改为"国立西北大学"。从此，北平大学在国民政府教育当局的设局迫害下，从历史上消失了。自此徐诵明永久地离开了由他接掌的北平大学及其后承——西北联大，也将"北平大学断于吾手"的遗憾留在了心间。他被迫辞职,离开了自己热爱的学校。但是,北平大学的办学理念、办学宗旨、办学风格被西北大学传承下来,这对西北地区高等教育的发展产生了重大影响。徐校长的爱国热情,刚正不阿的品德,深深留在广大师生的记忆中。

四、临危受命　出掌同济大学

翻开如今的同济大学校史,在历届校长当中,赫然印有徐诵明的头像。虽然北平大学其名在历史的进程中已经不复存在,但历史似乎注定要将同济大学一段重要的命运交在徐老手中。其实,同济大学最初便起源于德国人在上海开设的诊所,后院内设立有一所德文医学堂,招收中国学生,以培养施诊医生,名为"同济德文医学堂"。虽然早在1927年,南京国民政府接管同济大学的时候,它已是一所集

同济大学旧照

合了工、医、文理科的综合大学，但追根溯源，同济大学医学之根脉正好与徐老的职业生涯相吻合。

早在徐诵明被迫辞去西北联大职务来到同济大学前，同济大学为了躲避战乱，已经迁往四川。那是在 1940 年，抗日战争最艰苦的年代，应长江古镇李庄进步士绅们"同大迁川，李庄欢迎，一切需要，地方供应"十六字电报相邀，已迁至昆明、正面临敌机轰炸的同济大学再迁至李庄坚持办学。然而，虽避开战火之虞，但李庄当时条件却十分艰苦，"一无电灯、二无书店、三无影剧院"，而且这一时期物价上涨，货币贬值，同济大学面临着严重的财政困难。徐诵明校长坚持勤俭办学，努力克服困难，在他的领导下，同济大学渡过了难关，并扩大了规模。这一时期，由徐诵明兼任院长的医学院先后在"九宫十八庙"、遍布祠堂寺院的古镇李庄这片土地上建立起生理馆、解剖馆；在宜宾建立起病理馆、药物馆、细菌学馆、公共卫生研究馆和生物学馆。此后同济大学医学院一直在国内独树一帜，存有老校长徐诵明先生一份功劳。在此期间，学校院系设置也有所扩增，教学设备充实了许多。1945 年，学校建立了法学院，工学院造船组改为造船系，并增设了机械专修科，理学院数理系分为数学与物理二系。1945 年夏，学校向教育部申请 10 万元经费，在宜宾建设了国内第一所正规化的医事检验学校——高级医事检验职业科。经过这一段时间的扩充和完善，同济大学已开始向综合性大学发展。

抗战结束后，国民政府教育部有意将同济大学留在四川，时任校长的徐诵明考虑到学校的发展和广大师生的意愿，表示坚决不同意。甚至于到后来，蒋介石到宜宾巡视时，见到徐诵明校长，询问："可否将学校留在四川重庆继续办学？"徐诵明告知全校师生员工迁回上海的心情迫切，表示无法从命。随后徐诵明带领同济大学的广大师生迁回上海继续办学。徐老在写给上海教育局的信中慷慨陈词，言称，"得其在原地恢复弦诵之声，继续为国育人，则幸甚至矣"。

五、潜心医学教育　无怨贡献社会

1946年6月25日，经国民政府行政院决定，徐诵明调往东北接收南满医科大学。该校被国民政府接收后，改名为沈阳医学院，也就是中国医科大学的前身，徐诵明任沈阳医学院院长兼病理学教授。

而在同年初，徐老曾经执教的西北工学院大部分师生返回天津，与泰顺北洋工学院、北洋工学院西京分院和北洋大学北平部等合并复校，至此，北洋大学复建。新中国成立后更名为天津大学。西北师范学院学校师生也陆续迁回北平复校为国立北平师范大学。在新中国成立后正式更名为北京师范大学。经历了几十年光阴，跨越硝烟战火至和平年代，世事变迁如萍聚云散，曾云集了京师9所大学的北平大学算是尘埃落定。不论在北京，还是在西安，这一群高校终得以流传，至今向莘莘学子提供着优秀的高等教育机会，这对于徐老来说，应该亦是"幸甚至矣"。

徐诵明曾经做过好几所大学的校长，如同救火队员一般，基本是哪里需要他，他就去哪里。而他却拒绝了成为台湾大学校长的机会。1948年，国民政府教育部部长朱家骅提出让他出任台湾大学校长的建议，而他已经看穿了国民党政府统治的腐败，准备留在上海迎接解放，并受聘担任浙江大学医学院病理学教授。

1949年8月9日，徐诵明当选为北京市第一届政治协商会议委员会委员，1950年2月，出任中央人民政府卫生部教育处处长兼卫生部教材编审委员会委员，并任北京医学院病理学一级教授。在此期间，他认真学习总结了解放区的医学教育和苏联医学教育的经验，规划了全国医药院校的建设发展、招生规模。在创办高等医学教育三年制的专科制度、建立医学中专教育制度和组织建立在职干部进修教育制度等方面取得了显著成绩，使新中国的医学教育事业形成了一个比较完

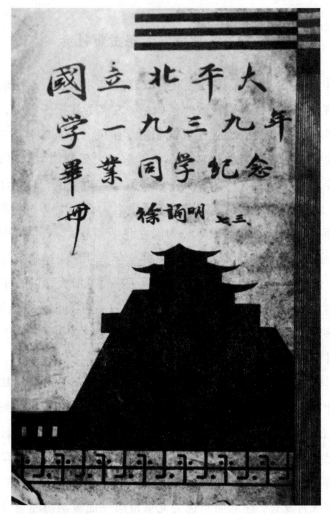

徐诵明题词毕业同学纪念册

整的符合中国国情的体系；并在教学计划、院系设置、学制规定、经费调拨、师资培养等方面，制定了统一的原则和具体要求，为新中国的卫生教育事业呕心沥血，做出了巨大的贡献。

1951年，徐诵明加入九三学社。1953年出任人民卫生出版社首任社长。1954年当选为中国人民政治协商会议第二届全国委员会委员。1956年任中华医学会编辑部主任，兼中华医学杂志总编辑。1958年他被错划成为右派，撤职降薪。在之后20年，徐老的事业史上几乎是一片空白，然而这20多年徐老饱尝了人间的辛酸，作为多所大学的校长，著名的医学家、教育家，他晚年的清贫令人扼腕；而一代教育家，所受的遭遇，发人深省。

六、一生爱国 功德永垂

1978年，徐诵明得到彻底平反，同年被推选为第五届中国人民政治协商会议全国委员会委员。1989年，担任九三学社中央参议委员会委员。1989年10月20日，卫生部和中华医学会共同隆重为这位参加过辛亥革命和北伐战争的老人，我国著名的爱国教育家、中国病理学奠基人举办了百岁庆祝活动。卫生部部长陈敏章在庆祝大会上，代表卫生部党组致词，赞扬徐老："一生爱国、治学严谨、知人善任、宽厚待人、作风正派，兢兢业业办教育，受到了教育界、医学界的尊敬和拥戴。在医学教育上，徐老可谓是用中文讲授西学的先河。"全国人民代表大会常务委员会副委员长胡厥文，赞扬徐老并挥毫题词"一生办教育，桃李满天下"。

在百岁寿辰前夕，这位饱经时代风云的医学教育家，经卫生部部长陈敏章和中华医学会会长白希清的介绍，以百岁的高龄，光荣地加入中国共产党。百岁入党，可谓是历史的奇迹。

他老人家晚年时，有人问他：您是最早引进病理学的人，也是第一个成立病理学研究室，审定病理学中文名词的奠基者，使中国病理学在中国西医学中享有了独特的地位。如果您不做大学校长，只做病理研究，也许在病理学上会有更大的成就。徐老笑笑说，他年轻时东渡日本就本着医学救国的精神，想使旧中国摆脱"东亚病夫"的"帽

徐诵明百岁祝寿照

子",但是他回国后,看到国家一盘散沙,他认识到想摆脱这顶让人看不起的"帽子"并不是哪个人能做到的,一个人也许在某个领域能取得更大的成就,但改变不了这个国家的现状。只有办教育,教育出更多的有用之人,才能使国民明白教育是改变国家之本,教育才能使这个国家真正富强起来!

徐诵明先生在整整一个世纪当中,走过了历史的波澜壮阔,也经过了凄风苦雨,正是他豁达的心胸、坦荡的爱国情怀、严谨的治学作风,使这变幻的百年风云最终沉淀为先贤传予后世的遗产。1991年8月26日上午10点55分,徐诵明因肺部感染、循环衰竭在北京协和医院逝世,享年101岁。

徐诵明是一位爱国者,一位医学家,一位教育家,一位祖国需要他到哪里他就到哪里的人,一位具有不凡人格魅力的人。人们一定会永远铭记他、怀念他。

陕西儿科学的砥柱栋梁
——隋式棠教授生平的几件事

□ 刘　铨

2011年6月27日，西安交通大学第二附属医院建院发展变迁的资深参与者及历史见证人、著名儿科学教授、百岁老人隋式棠老先生驾鹤西行。隋老教授一生推崇杜甫，爱国忧民，是非分明。他为人谦和，看似淡泊人生名利，却勤勉执教行医，对西北儿科学事业、西安交通大学医学部及第二附属医院的发展贡献殊勋。他一生的主要经历可以说几乎与西北现代儿科学的创立发展，与西安交通大学医学部及其附属医院创建源头和发展轨迹重合，他生平的多件大事，无不和西北儿科事业和医学院发展变迁息息相关，无不折射出他恒久一贯持之的爱国、仁心、勤勉、敬业精神。

隋式棠1912年出生于山东广饶，1929年考入国立北平大学医学院，他天资聪颖，攻读勤勉，学业优异，大学六年中有三个学年考试都进入前三名，获三次甲等奖，三次乙等奖。1931年九一八事变后抗日战争爆发，他积极参加国立北平大学医学院学生游行队伍，到北平张学良公署请愿，要求其率军对日抗战，收复东北，并在街头宣传揭露日本帝国主义侵略罪行，对当时政府的不抵抗政策十分失望和痛恨。

1935年，隋式棠以优异的成绩毕业留校，担任北平大学医学院儿

隋式棠

科学助教。1937年7月7日卢沟桥事变爆发,日本军队随即占领天津、北平,并以残暴的手段摧毁平津地区的教育机构。隋老决意不在日伪卵翼下工作,他拒绝了引诱,响应不愿做亡国奴的爱国师生号召,放弃了在北平大学医学院的较优裕的医生工作,毅然离开北平。他只身辗转步行一路南下,先后到安徽、湖北恩施等地,在临时伤兵医院等处为负伤抗日军人和难民服务。当闻知北平大学医学院师生在西安创建临时大学和汉中复校创业的确切消息后,他十分高兴,随即决定投奔母校,与他所尊敬的老师学长一起为复兴民族医学教育效力。由于战争期间交通十分不便,搭车不易,隋老基本上是徒步转由四川重庆等地前往汉中,他冒着日本飞机轰炸的危险,沿着坎坷的路途,走走停停,艰难辗转三个多月,才到达陕西汉中,被聘为西北联大医学院小儿科讲师兼附属医院检查室主任,1943年后还兼任附属医院总务主任。隋教授同医学院和附属医院创业同仁一道，在汉中艰苦困难的环境中，在回迁西安二次创业的奋斗中，始终不离不弃，坚守在他所热爱的教学相长、救死扶伤的医学教育事业中，并积极参与附属医院的管理工作。1943 年、1948 年，他先后被擢升为国立西北医学院、国立西北大学医学院儿科学副教授、教授。

1948 年秋，国民党胡宗南部开始准备撤离西安地区，当时社会秩序混乱，人心浮动，物价飞涨，国民政府军事当局欲将国立西北大学、医学院及附属医院南迁四川，以便战局紧时组成后方医院，为其军队和战争服务，遂令西北大学催促医学院南迁。当时医学院和医院亦有人开始谋划鼓动将刚迁到西安不久的医学院和附属医院迁往四川。隋式棠教授与其他教授员工们对此时民政府的腐败统治感到十分不满，同时听到共产党的广播和地下党的宣传，希望教师、医师、工程师不要逃离，不要随国民党撤退，人民更需要医院留下来参加新中国建设，于是他公开表示赞成留下来，不去四川。1948 年年末军事当局准备强行把西北医学院及附属医院财产造册装箱，并把学生以集训名义整体转移到四川。隋式棠得知后，联合其他教授坚决反对迁校，并力劝同事勿随国民党迁校逃奔。12 月附属医院院长王立础携款以勘察迁院新址为由离院前往四川，隋式棠教授即积极建议医学院教授会发起全院教职员工和学生选举代表，召开员工联席会议并成立临时委员会，以应变时局，拖延军事当局"如不迁院，则将疏散教职员，人身安危不保"之命令。面对教育部停止拨款之举，他力主恢复医院门诊和收治病人，来保障医学院和医院员工的生活。1949 年四五月间，西安即将解放，为防止敌特破坏，在中共地下党的领导组织下，医学院成立了教师与学生代表组成的护校队，日夜巡逻和放哨，进行反迁校和保护教学医疗器材等校产院产的工作。隋式棠教授不仅积极参与护校活动，担任护校委员会委员，同时，还联合其他教授从自家各捐出两袋面粉来支持护院队，作为夜晚巡逻的夜餐之用。

新中国成立后的和平建设年代，隋式棠教授担任国立西北医学院小儿学系主任，1949年11月至1950年7月，他与西北大学医学院刘蔚同、刘新民、张迤华、王耕、迟汝澄、靳连仲等教授受解放军第十九兵团司令杨得志、政委李志民、副司令耿飚、副政委潘自力将军联名之聘，担任该部队专科医生训练队内科教授，积极热忱地为部队培训医务人员，他感动于耿飚副司令等首长亲自到家送聘书，详细了解情况并听取意见，谢绝部队提供接送的汽车，坚持步行数公里从西五路的医学院到部队驻地（现西京医院）去授课讲学，该部队结束培训后不久即开拔到朝鲜参加了抗美援朝战争。1951年年底，在隋教授倡议下，首届西安地区儿科医师大会在西北医学院召开，正式成立了中华医学会陕西省儿科学会，隋老作为德高望重的创始人，担任省儿科学会第一届学会主任委员，并积极开展学会学术交流活动。中华医学会陕西省儿科学会是中华医学会在陕西成立最早的学科分会之一，为陕西儿科学事业的发展壮大做出了开拓性贡献。

自20世纪40年代中期颜守民教授离开医学院后，隋式棠教授就一直担任国立西北医学院、国立西北大学医学院、西北医学院和西安医学院小儿科学教研组主任，为医学院儿科学科带头人，1956年分出第一附属医院后，他仍兼第二附属医院小儿科主任至1967年。在他的带领下，西北医学院、西安医学院附属医院（今西安交通大学第二附属医院）的儿科专业曾是西北地区队伍最强、业务水平最高的学科，广受患者赞誉，在学界独占鳌头。隋老在儿科学的多个领域造诣颇深，小儿许多病种的治疗现在已不是难题、问题，但在当年对病人的生命和健康威胁却是极大，如小儿百日咳是当时幼儿的极难治愈的难题，隋教授研制的"桃花散"，成为当时广受家长欢迎的"灵丹妙药"，在全国影响极大，获1978年医学院科学大会奖励。即便是1969年"文化大革命"中被下放到陕南西乡县的两年期间，他依然丝毫不计个人得失，仍把热心为当地群众看好病、做好医疗当作头等大事。

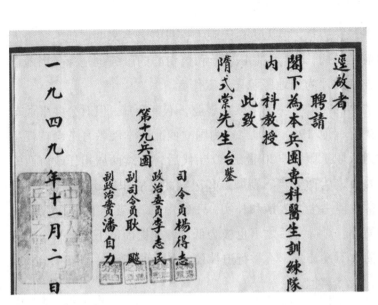

隋式棠教授的聘书

隋式棠教授

儿科急诊多、发病急,但无论白天晚上,只要老乡来叫,他不顾个人年迈立即前往看病,他的高超医术、和蔼耐心的服务也是深受当地群众爱戴,连续被评为当地医院先进工作者。

隋式棠教授一生专注医学教育事业,不事旁骛,但对公共事业却很是热心执着,他1950年即当选为国立西北医学院教育工会首任主席,热诚为教职工服务,20世纪80年代后曾连续两届担任政协西安市新城区委员,为西安市、新城区和医学的发展积极建言献策。

隋式棠教授一生为人谦和朴实,只专医学,不逐名利,高风亮节,生活极为简朴。对待身后之事也极为低调,他提前留下遗嘱,吩咐身后丧事从简,不发讣告,不举行追悼仪式、不收花圈、不收礼金,以百岁之寿,淡然离世。

西北现代妇产学科先驱翘楚
——著名妇产科专家王同观

□ 刘 铨

  1937年,我国首个国立医学院——北平大学医学院及附属医院在抗日战争的烽火中内迁西安,辗转汉中,创建了西北地区第一所西医高等医科大学和附属医院——西安临时大学医学院,之后更名为西北联大医学院、国立西北医学院、西北大学医学院、西安医学院、西安医科大学,发展为今天西安交通大学医学部和两个附属医院。我国早期的一批知名医学家随迁或陆续来到西安临时大学医学院、西北联大医学院、国立西北医学院,将中国现代医学教育、医学科学的最早火种、当时先进的医学科学理念和医疗技术带到了西北,融汇已经萌发的陕甘现代医学,奠定了西北现代医学教育和医学科学的基础,从而扎实地开创了西北地区第一个真正意义上的现代西医的内科学、外科学、皮肤科学、妇产科科学、耳鼻咽喉科学、眼科学、小儿内科学、护理科学等等临床医学学科。王同观教授作为这批西北现代医学的开拓者之一,对我国妇产科学的发展和西北地区妇产科学的开拓性贡献,同时,他对西安交大二附院发展的贡献和文化精神的塑造亦应被铭记。

  王同观,山东省安丘县李戈庄人,1901年5月出生。他自小就立

王同观

下志向将来要学习医术来治病救人。1927年,他在青州读了三年中学后,因学校停课,决定上北京,报考北京医科大学校(后更名为北平大学医学院),并以优异的成绩被录取。王同观家境比较贫寒,大学三年级时家庭又遭变故,家中一度劝他休学回家做生意资助家庭。但他学医意志相当坚决,决定当掉被褥,省吃俭用,再兼职家庭教师,并在非常器重他的张老师和许权中一家的帮助下,克服困难,坚持学业。

1933年,王同观以优异的成绩从北平大学医学院毕业,留校任妇产科助教兼住院医师。当时,北平大学医学院妇产科教学聘请的是外国教授,王同观担任助教的主要工作是把外国教师讲的课程内容先翻译成中文,然后印成讲义发给学生,上课时候还要负责挂图表、放幻灯电影,同时,他还兼任医学院护士专科班和助产专科班的教学工作。除配合教授教学外,他开始自己动手进行剖腹产、人工流产等小手术,在妇产科专业方面开始打下坚实的基础。同年,他赴日本帝国大学留学深造,专修妇产科。到日本后的第一年他先下功夫打好日文基础,同时参加听课和临床见习。第二年先翻译了他的导师内藤教授编著的《产科学》,接着又翻译了安井修平教授的《妇科学》。

1936年,日本军国主义加快了侵华步伐,日本国内报纸上天天都是各种反华文章,大街上也是经常举行反华游行,鼓吹进攻中国。日本浪人也常常到留学生住处进行骚扰威胁,日本政府也出台了诱哄中国学生为日本服务、或归顺日本国就可以深造和就业的政策。面对日本国内日益嚣张的辱华潮流，王同观认为，一个中国人不能因个人利益而置国家民族兴亡于不顾，毅然放弃在日本继续深造的机会，和其他几个留学生一起决定提前回国。回国后王同观就任北平大学医学院讲师、副教授、妇产科副主任。

　　1937年，七七事变爆发，日本军队相继占领北平、天津，并开始实施摧毁中国的教育和文化机构，消灭中华文化根基的行动。南开、北洋、北大、燕京等一些著名的大学全都遭到了空前的浩劫，或被摧毁劫掠，或被占为兵营。一时间全国舆论鼎沸，群情激昂，全国教育文化界著名学者和爱国师生纷纷发出呼吁，揭露日本侵略军破坏中国教育机构的罪行，并提出"教育为民族复兴之本"，要求政府立即采取果断措施，抢救存留中国教育的精髓，延续保护中国教育文脉，将京津一些高校迁往内地办学。此时，国民政府开始召开紧急对策会议，将保护和抢救平津地区的教育与科学上升到国家战略层面上进行考量。

　　1937年8月，国民政府教育部出台设立临时大学计划纲要草案，提出，"为使抗战期中战区内优良师资不致无处效力，各校学生不致失学，并为非常时期训练各种专门人才以应国家需要起见，特选定适当地点筹设临时大学若干所"。9月10日，教育部发出16696号令，正式宣布在长沙、西安分别设立临时大学，在西安"以北平大学、北平师范大学、北洋工学院和北平研究院等院校为基干，设立西安临时大学"。由于北平、天津已被日军占领，教育部关于迁校的训令多私下秘密传递。在西安成立临时大学的消息传来后，北平大学医学院院长吴祥凤便召集留在学校的教授商讨西迁事宜，请大家发表迁校的意见，愿去西安的签名，不愿去也不勉强。在会上，王同观和吴祥凤、王晨、蹇先器等教授表示，绝不当亡国奴，不为日本帝国主义服务，当场签名去西安办学。由于华北陆路交通被日军封锁断绝，他们先进入天津英、法租界，然后搭乘英国客轮经大沽入渤海，抵达山东

王同观翻译的《妇科学》

王同观翻译的《妇科学》内文

徐诵明为《妇科学》题词

青岛上岸，绕一个大弯，再奔赴西安。由于一时涌来的教师学生很多，临时大学在西安分三处办学。根据国立西安临时大学的安排，国立北平大学医学院与法商学院、农学院等院系来陕师生以西安北大街通济坊的楼房做校舍教室，为国立西安临时大学第三院，医学院改称国立西安临时大学医学院。11月1日国立西安临时大学开学，5日开始正式上课。王同观和吴祥凤、蹇先器、徐佐夏等北平大学医学院及附属医院先期到达的30多位教授，在十分艰难困苦的情况下，将中国现代医学的火种传带到了西北，创立了西北地区第一所现代医学高等院校——国立西安临时大学医学院，同时开创了西安交大医学师生爱国为民、克艰攻难的光荣文化传承。

创建之初，由于战火弥漫、道路险阻，许多爱国师生闻讯后才陆陆续续前往西安报到，加之日本军机对西安不时进行轰炸，学校难以系统组织教学和安全安静上课，国立西安临时大学决定组织医学院和历史系的大学生成立西安临大抗日宣传队，分赴陕西各县进行抗日救亡宣传，并辅助地方进行民众社会教育。11月月底，王同观与药理学教授徐佐夏担任领队，带领王兆麟、陈向志、霍炳蔚、黄国钦等34名医学院学生组成的西安临大抗战宣传第二队，从西安出发，经由宝鸡再到凤县、留坝、褒城、沔县（今勉县），到达南郑，沿途向民众进行抗日救亡宣传。到褒城后又分为九组，分赴各乡各镇，举行民众集会，集训学生和当地知识分子，开展各界谈话，进行抗日救亡宣传，转徙乡行两月有余，行程500多公里。他们揭露日本帝国主义侵华罪行，讲解防空知识，为群众诊治疾病，调查民情，受到沿途人民群众的热烈欢迎，并产生了很大的社会影响。1938年2月初，宣传队接学校通知返回西安，汉中各界特向西安临时大学抗战宣传队赠送了名誉旗帜一面，以示对宣传队所做抗日宣传和民众教育工作的高度赞扬。

1938年3月，由于日军占领风陵渡，战局紧张，国立西安临时大

1950年5月15日,中央人民政府卫生部药典问题座谈会纪念留影

学奉军事当局命令迁移汉中，王同观又随医学院与西安临时大学千余名师生一起，按照行军编制组成三个中队，十余个区队，向汉中转移。师生们先是坐"闷罐"火车从西安到宝鸡，再沿川陕公路一路步行，越秦岭、渡柴关岭、涉凤岭，风餐露宿，翻山越岭跋涉250多公里，用半个多月的时间到达汉中。教育部根据行政院通过的《平津沪地区专科以上学校整理方案》，令国立西安临时大学更名为国立西北联合大学，医学院随之更名为国立西北联合大学医学院，王同观任西北联合大学医学院妇产科副教授。

1939年5月，因日本飞机频频轰炸汉中，王同观随西北联合大学医学院师生员工再次迁到汉中东郊农村，医院搬到黄家坡文家祠堂，改办重伤医院，继续兴医办学，为抗战将士服务。汉中北倚千里秦岭，南临连绵数百里大巴山，千峰万岭，交通闭塞。西北联大医学院的教授们住简陋的校舍或分散租住在沿汉江各村的农民家中；学生则住在竹片泥巴墙的草屋里，睡双层大铺或地铺，夜间透过瓦片间隙可见星月，遇到下雨时，师生们上课、吃饭，甚至睡觉都得撑着雨伞。学生上课缺少笔、纸和教材课本，就想方设法寻找替代品记笔记；常常是几个人或十几个人共用一本教材；晚上靠点油灯或土蜡烛照明读书。宿舍没有桌椅，读书写字常要争取到有桌椅的图书馆去。各方面条件艰苦，还要时时躲避日军飞机的经常性轰炸。

1940年，王同观被聘为妇产科教授，医院院长颜守民教授休假外出，王同观接替他任医学院附属医院院长，同时继续兼任妇产科主任。他担任院长后，继续健全医院制度和机构，整理内部。此时附属医院已初步设立有医务部、事务部、看护部、图书室、检查室等管理和办事机构，下辖门诊部和病房部，以及内、外、儿、妇、皮肤、眼、耳鼻喉等八个临床科室。王同观接任院长后，在对文家庙庙产修缮和原建32间病房的基础上，改建学生宿舍，又招标建成22间病房以及3间检查室、手术室、调剂室、实习室、事务室、厨房等，并充实新的设备用品。此时医院病床已达 80 张，并分为特、一、二等，门诊每日也达 80 人以上，通过内务整顿，医院整体面貌焕然一新，已成规模。同时王同观非常重视临床教学质量，当时没有现成的教科书，全由教授们自己编写，西北联大医学院及西北医学院的妇科学和产科学讲义全部由王同观编写，学校油印发给学生；为提高教学质量，他在相关会议上向医学院提出严格考试的建议。他因自己的经历，特别体恤优秀却贫困的学生上学之不易，专门提出愿每学期从自己薪金中抽出 150 元，奖励各年级成绩最优之学生，以资鼓励，并向学生公布并切实实行之。因日军飞机轰炸肆虐，他所主持的附属医院还组织起了六个医疗救援队，每逢日机袭扰轰炸汉中后，医疗救援队立即按次序出发前往轰炸地点，救治受伤将士和民众。

1942 年，王同观辞去附属医院院长一职，先后担任陕西医学专科学校妇产科教授兼教务长、西北医学院兼职教授和南通医学院教授。新中国成立前夕，王同观两次拒绝了去台湾的要求，并退回了台湾方面的聘书。1951 年，他任南通医学院附属医院院长、南通市人民医院院长、南通医学院学报编审委员会主任委员等职。1956 年加入中国共产党。1957 年南通医学院迁到苏州，更名苏州医学院，王同观被评为国家二级教授，先后任该院副院长、顾问，苏州医学院第一届院务委员会副主任委员等职。他先后任南通市人民代表、南通市政协副主席、苏州市人大代表等职。1989 年，王同观在苏州去世，享年 88 岁。

王同观一生爱国忧民，早年为民族大义抛弃安逸，奋起救亡，为图强中国医学筚路蓝缕，尽心竭力。1978 年后，他为遭受"十年浩劫"之后教学秩序的恢复再度殚精竭虑，当看到苏州医学院图书馆介绍医学新进展的新书很少，他立刻写信给在美国读书的女儿，嘱其买了一批新的医学图书，全部捐给苏州医学院。数十年来，他始终对求学之初老师和热心人对他的资助念念不忘，对于品学兼优而无力承担学费的学生，他都尽其可能用自己的薪金帮助其成才，无论是在北医、西医、通医，还是在苏医，一贯而为之。王同观一生致力于服务中国医学教育和医学科学事业，无论是在国立北平医学院开拓现代中国妇产科学，还是在国立西北联大、西北医学院奠基西北现代医学，抑或是在南通医学院和苏州医学院担负发展建设重任，他都做出了非常之贡献，数十年矢志不渝。

西北现代医学教育和医学科学的奠基者
——吴祥凤

□ 刘　铨

西北现代医学教育和医学科学肇始于 1937 年，开源于国立北平大学医学院及其附属医院内迁重建，传承于西安交通大学医学部及其附属医院。时过境迁，其发展演变过程中的许多重要人物和重要事件已湮没于历史的尘埃之中。今天，为了保存历史的记忆，纪念那些为了现代科学之光造福民族而筚路蓝缕，为了民族复兴保护医学科学火种而大义内迁的先驱们，我们有必要查询线索，管窥历史，尽可能将先驱们的精神给予复原并展示给后人。如西北现代医学教育和医学科学的奠基者、西安交大医学部及第二附属医院创始人吴祥凤先生，过去只知其名，未知其详，现将搜集到的吴祥凤先生的部分资料做一整理，与大家共享先生的风貌。

吴祥凤，字鸣岐，生于清光绪十四年（1888），浙江嘉兴人。1916 年毕

吴祥凤

业于日本千叶医科大学，1917 年回国任北京医学专门学校（后更名为北平大学医学院）内科学教授。1919 年至 1921 年赴美国进修。1927 年任国立北平大学医学院附属医院院长，1932 年至 1937 年期间任北平大学医学院院长。

吴祥凤先生少有医学报国之志，虽为日本留学医学人士，却饱含复兴民族之爱国之心。1931 年九一八事变后，日本军队占领东北全境，并开始染指华北。1933 年 3 月，日军攻占热河，逼近华北，中国军队与侵略军在密云县古北口一带激战 70 余天，大小战斗数十次。中国军队伤亡很大，大批急需救治的伤员限于当时北平医疗条件和水平等原因，难以得到及时救治。吴祥凤先生以院长身份与军事委员会北平分会和人民指导委员会合作，亲率北平大学医学院附属医院精干的医生和护士，在西城祖家街（现富国街）开办了一所规模较大的重伤

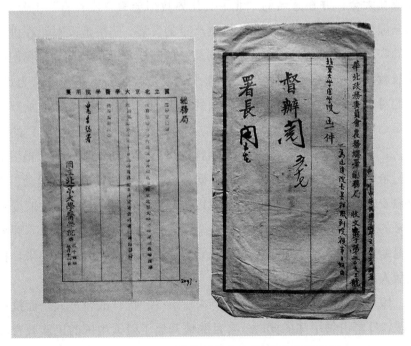

民国三十年（1941）吴祥凤到北京大学医学院视事函

医院，由外科主任刘兆霖教授任副院长，葛秉仁教授任医疗主任，谢祖培教授任外科主任，梁铎教授任理疗科主任。重伤医院设有9个病室、两个手术室和一个药局，义务救治伤员。院方不支薪金，仅供给中、晚两餐。从4月4日至月底就收治了各医院转送来的300余名重伤员，医护人员不惧劳累，手术常常从上午8时持续到晚上9时，夜间送来的伤员也立即清创裹药，常常工作到天明方才竣事。8月，北平大学医学院附属医院医护人员为抗日将士奋力工作的精神和贡献，受到国民政府革命军事委员会北平分会的表彰。

1936年1月27日，面对日本侵略者妄图把华北变成第二个"满洲国"，策动华北自治，频频制造阴谋事端，而国民政府却一再姑息忍让，中华民族面临空前危机的局面，吴先生拍案而起，积极与马叙伦、白鹏飞、张申府、黄松龄等著名文化界人士发起北平文化界救国会成立大会，并在著名的"北平文化界救国会第一次宣言"上签名，向全国疾呼：我们鉴于华北危机更严重的发展，坚决地反对正在进行中的广田三原则下的亡国外交，以及一切断送华北的新阴谋。我们以抗敌救亡的决心，督促政府变更向来的妥协政策，不是与政府为难；我们对于现在负责者，不尊重民众的意思的误国行动，决不能承颜察色奉命唯谨；我们站在民众的立场，为民族的生存而提出救亡的主张；北平文化界救国会，是下了牺牲的决心，任何压迫，无所畏惧。我们希望：全国文化界火速起来，促进全国民众的抗敌救亡运动，不要偷安退缩准备做亡国奴才。我们以抗敌救亡的决心，督促政府变更向来的妥协政策，火速起来，促进全国民众的抗敌救亡运动，不要偷安退缩准备做亡国奴才。华北的民众，全国的民众，起来！起来！抵抗敌人的侵略，救护我们的国家！

1937年7月7日，日军策划卢沟桥事变，抗日战争进入全面抗战阶段，日军占领平津的同时，有目的地开始了毁灭中国的民族教育和文化的计划。7月29日，日军进攻天津时，首先将南开大学、女中、女师学院等学校轰炸火烧为一片废墟，之后日军对燕京大学、北洋工学院、北京大学、清华大学等平津地区的大中学校教育机构或驻扎为兵营、或进行毁坏劫掠。中华文明及中华文化教育事业受到了极严重的摧残。为保护和抢救平津地区教育文化，蔡元培、蒋梦麟、张伯苓、梅贻琦、傅斯年等 102 名中央研究院院长和北大、清华、南开、同济等大学校长联合发表声明，揭露日军破坏中国教育机关的罪行，提出"教育为民族之本"的口号，要求政府采取果断措施，将一些高校迁往内地，以保护中国的教育事业。面对日军的罪行，国民政府召开最高国防会议，将平津宁沪等战区教育机构内迁上升到国家战略层面进行考量，8月，国民政府教育部颁布《设立临时大学计划纲要草案》，拟选定适当地点筹设临时大学。9 月 10 日，教育部发出第 16696 号令，正式宣布以国立北平大学、国立北平师范大学、国立北洋工学院和北平研究院为基干，设立国立西安临时大学。要求迅速赴当地选址，尽快组织师生撤出平津地区并在新校址开课。当时，平津已被日军占领，汉奸组织猖獗，对知识界人士和各学校监视甚严，由教育部发出的撤退命令，只能以电报和信函形式在平津各校中秘密传达。消息传来，吴祥凤以国立北平大学医学院院长身份召集留在学校的教授在石驸马大街自己家开会，商讨内迁西安办学事宜，提出：愿去西安办学的签名，不愿去的也不勉强。吴祥凤、王同观、王晨、蹇先器、颜守民等教授当场签名，并合影留念。此时南下陆路已被日军封锁，盘查很严，吴先生等教授和医护人员排除日军和汉奸的干扰，分批取道天津英、法租界乘外国轮船先前往青岛，再换车来到西安。由于西安尚未有较大的统一办学场所，国立西安临时大学分三处办学，医学院与法商学院三个系，农学院三个系及教育系、生物系、地理系在北大街通济坊租赁部分楼房当作教室，组成国立西安临时大学第三院，吴祥凤先生被任命为国立西安临时大学医学院院长。1937年10月18日，国立西安临时大学正式开学，11月15日开始上课。

1937年9月，国民政府教育部令国立北平大学、国立北平师范大学和国立北洋工学院西迁西安，成立西安临时大学。消息传到北平后，医学院院长吴祥凤于北平石驸马大街招集在校的教授开会，提出愿去西安的签名。吴祥凤、王同观、蹇先器等人当场签名，然后便一起绕道来西安，成立了西安临时大学医学院。院长仍为吴祥凤教授，师生三十余人

1937年11月，吴祥凤曾组织并亲随师生组成西安临大抗日宣传第二队，途经宝鸡、凤县、留坝，到达汉中南郑，转徙乡行两个月，历程500多公里，沿途进行抗日救亡宣传，揭露日本帝国主义的侵华罪行，讲解防空知识，为群众诊治疾病，受到沿途群众热烈欢迎。为此，汉中各界赠送西安临时大学名誉锦旗一面，以表彰抗战宣传队抗战宣传和民众教育活动。

在抗战最艰苦的初期，吴祥凤先生积极召集从北平和各地辗转而来的教师和学生，冒着日军轰炸的危险，面对物资匮乏的状况，在战

火与艰难中将中国最早的现代医学火种带到中国西北地区，创立起西北地区第一所传授现代高等医学教育和医学科学的学府和医院，从而奠定了西北地区现代医学教育和医学科学的基础。吴祥凤先生作为国立北平大学医学院内迁的主要组织者和国立西安临时大学医学院的主要创建者之一，可以说是居功至伟。

1938年3月，受战火所迫，西安临时大学迁移汉中办学，4月奉命改称为国立西北联合大学。1938年4月，吴先生自祁阳来电因脊伤请辞养病，由蹇先器教授代理医学院院长。1939年，医学院独立建制，1946年并入西北大学，先后改称国立西北医学院、国立西北大学医学院。吴先生任医学院内科学教授，后独立执业。抗战胜利后，他应聘到南通医学院任教。1956年去世。

吴祥凤先生在国内有较高的声望，在内科学和精神病学领域有较高造诣，他对疑难病症有很强的判断力，曾参与孙中山先生病重期间的治疗工作。1930年北平猩红热流行，他以丰富的经验参与治疗，并教授学生鉴别的方法。他在国立北平大学医学院院长任上，大力整顿教学、医疗秩序，如规定凡在外开业的教师，不能续聘。他在医院整顿中，把护理工作改属护理系统，聘请护理主任和各科护士长，制定各项制度，使国立医院的护理工作走上正轨。吴祥凤先生著有《临床便览》等多种论著，与蹇先器，姚鸿煮编译有小泽修造的《内科学》（一、二、三、四卷）等著作，为当时内科医师重要的案头必备教科书。

如果说，1912年在前清京师大学堂医学实业馆旧址上创办的国立北京医学专门学校（1923年9月易名为国立北京医科大学校，1928年改称北平大学医学院）是中国政府教育部依靠中国自己的力量开办的第一所专门传授西方现代医学的国立学校，它的开办，标志着中国的现代医学教育和医学科学进入了一个新的历史阶段，那么，为民族大义、为保护民族教育，北平大学医学院西迁创建西安临时大学医学院，建成西北医学院，发展为西安医科大学，成就为西安交通大学医学部，扎根西北，则是保存了中国自己最早的现代医学高等教育的火种，从而奠定了西北地区医学高等教育和西北医学科学的基础。这段历史史实不应被忘记。而吴祥凤先生作为这薪火相传的第一人，他的民族气节和爱国精神，以及他和北平大学医学院同仁为中国和西北地区医学教育和医学科学事业所立下的功勋及其历史地位，更应该被永远铭记。

开创基业泰斗　传承医德风范
——西安交通大学第二附属医院创业院长颜守民教授

□ 刘　铨

颜守民，一个已经镌刻在西安交通大学第二附属医院发展历史首页的名字。他不仅是西安交通大学第二附属医院开创基业的泰斗级学者之一，还是我国现代儿科医学的奠基人和开拓者之一。他虽然担任西北联大医学院附属医院院长仅一年有余，担任医疗教学四五年，但在短暂的岁月河流中，他的名字却熠熠生辉：因为有他，奠定了二院大起步发展的坚实基础；因为有他，搭建了为广大病患者服务的平台模型；因为有他，传承了二院人医德高尚的精神。在又一次编撰院史的时候，二院人永远缅怀这位在医院发展历史中举足轻重的先贤。

颜守民，字逢钦。生于1898年，浙江温岭泽国镇颜家村人，1916年考入中国第一所国立医学院——北京医学专门学校，1920年毕业，留校任内科助教。1919年曾积极参加五四运动。1921年6

颜守民

月，参与发起旅京温岭学会，编辑《新横湖》杂志，响应《新青年》，宣传新思想。1924年，由学校派赴德国柏林大学留学，在儿科名教授切尔尼及芬克尔施泰因门下专攻儿科学。1926年回国，一年后任北平大学医学院小儿科教授。1929年创立中国第一个儿科教研室，并任儿科主任，开设儿科门诊部，编写教材，讲授课程，建立病房，指导临床实习，将小儿科由内科分出。此举为当时国立医学院校首创，从此现代医学小儿科在中国正式成为一门独立学科。

1937年七七事变后，平津沦陷，颜守民教授耻于在日伪统治下工作，拒绝高薪要职，毅然在商讨北平大学医学院迁移的教授会议上签名去西安，辗转来到陕西，参与了西安临时大学医学院的迁徙重建和临床教学医疗工作，并担任儿科学教授和医学院五年级导师。1939年5月，由于当时日军飞机不断轰炸汉中，西北联大医学院被迫迁到汉中东郊乡村，西北联大医学院附属诊所迁至东郊乡村的文家庙，组建重伤医院，改名为附属医院，颜守民教授被聘为国立西北联大附属医院院长。

颜守民任院长期间，正是抗日战争进入全民抗战阶段的起始，虽然远离刀光剑影的血腥战场，但时局的动荡，日军的频繁轰炸，战时物资的匮乏，人心的慌乱，无时无刻不在影响着每一个人的生活。转移到汉中农村后的附属医院，设施不全，条件简陋艰苦。医院的教职工只能分散租住在沿汉江的各村农舍茅屋里。时任院长的颜守民，只身一人，远离家眷，将全部心血都献给了医院。他早出晚归，风雨无阻，白天奔波在泥泞的田间小路上，倾心执教施医，晚上在昏暗的土制烛光下，伏案备课，编写教材。教学上身教胜于言教，从病历书写到临床观察与诊断，他亲自示范，谆谆诱导，对患者治疗精心，态度和蔼，深得患者信服。其艰苦朴实、勤奋敬业的生活和工作作风，备受全院师生的尊敬和爱戴。短短的一年多时间，附属医院在他的领导下，稳步发展，医院日门诊量达300人次。在艰苦的条件下，还新建

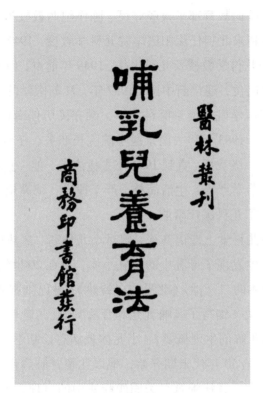

颜守民的著作《哺乳儿养育法》

了三排能容纳60张病床的平房，设有内、外、妇、儿、眼、耳鼻喉、皮肤等科室，检验室、调剂室等房舍也得以建立。为了满足医学教研的需要，还购置了两台当时较为先进的显微镜。这一年，通过颜守民院长的努力，医院规模逐渐扩大，成为当时省内及河南大学医学院、南通医学院等医学院教学和学生的临床实习基地。

1940年秋，颜守民教授作为国内唯一的小儿科医生，服务于医界20余年，受政府明令嘉奖，并奉命休假一年，从事考察研究工作。他本欲赴国外考察，因种种原因而未能成行。1941年年初他到重庆，被江苏医学院挽留任特约讲座。1943年，根据教育部部聘教授办法规定，西北医学院向教育部呈报颜守民、陈作纪两教授为部聘教授。抗战胜利后，他到东北担任沈阳医学院儿科学教授。1947年6月又回到江苏医学院任儿科学教授及儿科主任。1949年前夕，他谢绝友人出国的劝告，坚守岗位，迎接新中国。1957年，江苏医学院由南通迁往南京，改称南京医学院、南京医科大学，颜守民历任南京医学院教授、副院长、院长，1983年辞去南京医学院院长职务，任名誉院长。1956年被评为国家一级教授。直到1991年去世之前，他一直在该院工作。他恭谨谦让、治学严谨、生活简朴、严于律己、德高望重，将自己的一生都奉献给了儿科医疗事业。

颜守民在儿科学上造诣高深，曾对小儿伤寒、黑热病等有较多研究。1938年，他发现了母乳中的初乳小体，早在20世纪30年代就发表了《初乳小体的二元性》《北平的白蛉热》《淋巴细胞Azur颗粒》等很有价值的论文，编写了《哺乳儿养育法》《乳儿营养与看护》等专著。编有《小儿解剖生理概要》《小儿体表病态诊断学》《简要小儿科学》等。20世纪50年代末期开始，他以儿童肾脏病作为科研主攻方向，发表论文有《肾病综合征类固醇疗法中的生理、生化反应》（合作）、《从不同角度分类肾炎》《蛋白尿》等。1963年创建小儿肾脏病研究小组，建立儿科实验室。1978年接受卫生部下达的"小儿肾炎和肾病的防治研究"课题，在他带领下南京医科大学第二附属医院儿科成为江苏省重点学科，并成为首批国家博士学位点。1956年9月，国家高教部公布了在全国各大院校首批国家评定的教授名单，其中，一级教授在全国有名的高校只有不到200名，医学界70多名，颜守民是江苏医学院唯一一名。20世纪50年代，我国儿科学素有"北诸南颜"之说，"诸"是指的北医诸福棠教授，"颜"即颜守民教授。颜守民曾任国家第一届药典委员会委员，江苏省科协副主席。

颜守民历任第三届全国人大代表、第五届全国政协委员。1978年

5月10日，颜守民申请并经组织考核，加入了中国共产党，其时颜老已届80高龄的耄耋之年，作为个人追求生命力的不息标志，他把自己的一切，与为共产主义奋斗终生的理想紧紧地联系在一起。正如颜老自己所写诗中所言："登山同在中途中，翘首云间有险峰。"

中国西医皮肤性病学科的先驱
——蹇先器

□ 刘　铨

西安交通大学第二附属医院皮肤科历史悠久，闻名遐迩，名家辈出，其学科创始人蹇先器先生，是我国近代著名皮肤病学专家，中国西医皮肤性病科学的奠基人，并被北京大学第一医院奉为皮肤学科创建者。

蹇先器

蹇先器，字孟涵，贵州遵义人，生于1893年，他1945年在福建因心脏病发作不治离世。蹇先器先生早年留学于日本千叶医学专科学校，归国后先后被聘为国立北京医学专门学校、北京医科大学校、北平大学医学院、西安临时大学医学院、西北联合大学医学院、国立西北医学院、福建省立医学院教授。1929—1936年任北平大学医学院附属医院院长，1938—1939年任西北联合大学医学院院长，1940年任福建省立医学院教授。蹇先器先生为我国第一代从事现代西医皮肤性病科学的学者和著名医学教育家,他在中国第一个国立医学院——北京医学专门学校首先建立皮肤花柳科学,在中国西医皮肤性病科学与教育事业的发展史上地位崇高,为当之无愧的奠基性人物之一,尤其对发展西北地区西医皮肤性病科学与教育事业做出了开拓性贡献。

1840年鸦片战争以后,列强的坚船利炮打破了清王朝闭关自守的格局,中国开始被迫向外开放门户。西风东渐中,中国数千年的医学结构也开始改变,西医开始长足发展。外籍传教士医生纷纷来华,先后在广州、上海、厦门、宁波等城市开设诊所或医院。当时,除了外科、眼科手术外,并没有严格的分科,医生兼治皮肤病。1890年英国传教士梅藤根在杭州广济医院首设皮肤花柳科(当时称性病为花柳病),开中国医院皮肤花柳科之先河。20世纪初,国内各医学院校先后开设皮肤花柳科课程,除美英教会学校外,所用教材多为德国、日本医学教材,教员也多聘自德日等国,讲课时需用翻译。

1912年国立北京医学专门学校成立,这是中国政府教育部开办的第一所国立西医学校(后更名为国立北京医科大学校、国立北平大学医学院、国立西安临时大学医学院和西北联合大学医学院,延续发展为现西安交通大学医学部和北京大学医学部),在北京医学专门学校,由中国现代高等教育的先驱、中国现代高等医学教育及中国病理学科的奠基人徐诵明先生首开用中文教授西医课程之先例。当时,开设的皮肤花柳科学课程170学时,有皮肤理论、花柳理论、门诊实习、临床讲义,蹇先器教授也坚持以中文进行讲授。蹇先器20世纪20年代即编译日本土肥章司《皮肤及性病学》为主要授课讲义,1933年7月出版发行,该译著此后成为中华民国时期的主要中文皮肤花柳病学教材,教育和影响了中国数十年研究皮肤性病的医生和学者。1915年,北京医学专门学校附设诊察所成立皮肤花柳科,蹇先器先生担任首任主任,兼管临床和教学工作。1929年至1936年,蹇先器就任北平大

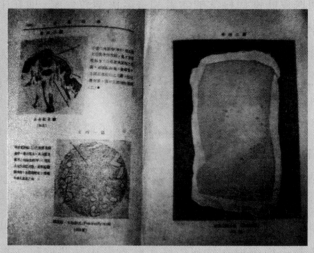

蹇先器著作

学医学院附属医院院长，兼皮肤花柳病学教授。为进一步深入学习借鉴世界不同国家皮肤花柳病科学经验，紧跟世界皮肤科潮流，1935年，蹇先器先生休假一年远赴欧洲德国等地考察皮肤花柳病医学。此时蹇先器先生以及当时中国近代第一、二代皮肤科教授学者的学术水平已与国际皮肤科学专家几无差距。

1937年七七事变爆发，天津、北平先后失陷于日本侵略军，一些著名的大学如南开、北洋工学院、北大、清华等平津地区的教育机构或被夷为平地，或被驻扎军队损毁抢掠，遭遇空前的浩劫。在国破家亡的民族生死关头，为存留中国教育的精髓，延续中国教育文脉，使无校可归的师生不致失学当亡国奴，受奴化教育，国民政府开始将抢救保存平津地区教育文化上升到国家战略层面上进行筹划。8月至9月，国民政府教育部连续发出《设立临时大学计划纲要草案》和关于成立西安临时大学的16696号令，决定将平津沦陷区的国立北京大学、清华大学、私立南开大学，以及国立北平大学、北平师范大学、北洋工学院等院校分别迁往长沙、西安，建立临时大学。蹇先器先生闻知消息，在北平大学医学院院长吴祥凤家中召开的教授会上，表示要保持民族气节，决不为日本帝国主义服务，拒绝留任伪职，当场报名愿前往西安。为避开日本军队的严格盘查和汉奸阻挠，蹇先生与吴祥凤等师生先分头前往天津，再坐轮船到青岛，由青岛乘火车到西安。10月，在无法带出图书仪器设备等极其困难的条件下，参与组建起了西安临时大学医学院和西北联大医学院及附属医院，延续为现在的西安交通大学医学部和第二附属医院。由此，蹇先器先生同时将西医皮肤科学医学教育和诊疗技术首次带入了大西北，创建了西北第一个皮肤性病学科，即今日的西安交通大学第二附属医院皮肤病院。

1938年3月，日本军队占领山西临汾，进逼风陵渡，并开始对西安进行大规模轰炸，为筹备安全防务，国民政府军事委员会委员长西北行营主任蒋鼎文命令西安临时大学南迁汉中。收拾起刚刚打开的讲义和笔记，告别尚未熟悉的校舍，在战乱的局势中，西安临时大学师生分队分批，先乘车集中到宝鸡，再跋山涉水穿越秦岭，历时近一月，徒步250多公里到达汉中，分城固、南郑、沔县（今勉县）三地，临时租赁当地庙舍民房，坚持继续办学。蹇先器教授出任西北联大建筑设备委员会委员、导师会常务委员、仪器委员会委员等职，积极参与建校事务。1938年4月，蹇先器教授接替吴祥凤教授代理西安临时大学医学院院长，1939年2月，他正式任国立西北联合大学医学院院长，兼皮肤花柳科主任。

1939年5月，因日本飞机频繁轰炸汉中，身处南郑城中的医学院的医疗教学工作频频中断，为保护师生安全，坚持办学，西北联大决定将医学院迁往农村。蹇先器院长亲自下乡勘查，选定城东孙家庙、马家庙、黄家坡等处为临时校舍。在他的组织下，仅用三天将医学院本部迁至马家坝的马家庙，医学院附属诊所及进入临床科实习的四、

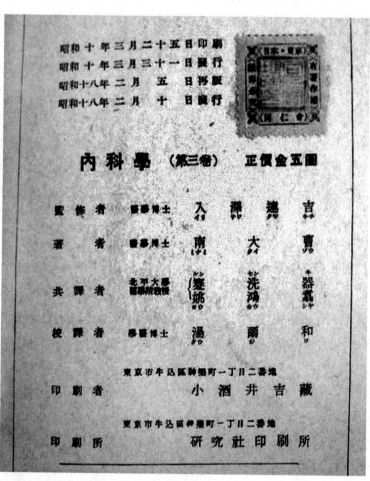

蹇先器、姚鸿藁共译的《内科学》版权页

蹇先器、姚鸿叒共译的《内科学》目录

五年级学生转移至黄家坡文家庙内，办理重伤医院，接收抗战伤员。临时附属诊所改称国立西北联大医学院附属医院，由儿科颜守民教授任附属医院院长。师生们自行租赁农舍民房，分散居住在沿汉江边的孙家庙、杨氏祠、刘家祠堂、黄家祠堂等村镇。蹇先器主持着手在马家庙和黄家坡、文家庙修缮祠堂，修建草房，用作医学院和附属医院的食堂、教室和宿舍，此时办学行医和生活条件极为艰苦，学生们在此村食宿，听到号声，再到彼村上课，夜间以土蜡照明读书，教师们每日奔走在乡间小路上行医教学。在抗战中的国难时期，蹇先器教授与西北联大师生一起筚路蓝缕，克服极端困难，竭力为抗战军民服务，为保存延续和光大中国医学教育不屈前行。

1939年8月，因不满国民政府教育部当局直接干预学校行政和课程设置，打击排斥进步教授，迫害爱国学生的行为和政策，蹇先器愤然辞去院长等职，与徐诵明等40多名教授先后离开国立西北联合大学。由此西北联大五校分立，医学院独立改为国立西北医学院，院长由徐佐夏教授接任。1940年，应侯宗濂教授邀请，蹇先器先生与西北联大医学院的部分教师如陈礼节、厉儁华等先后到福建省立医学院任教。

蹇先器先生一生致力于介绍西医先进理论，译著论述颇丰，译有《皮肤性病学》（土肥章司原著，1938年初版，1943年第2版，1948年增订再版）、《内科学》（一、二、三、四卷，医学博士小泽修造等原著，1926年第1版）、《泌尿科学》（志贺亮原著，商务印书馆1941年初版，1943年第2版）等。

此文完成时适逢2013年蹇先器先生120诞辰，谨以此文纪念为我国、西北地区以及西安交通大学医学部皮肤性病事业做出开拓性突出贡献的先驱——蹇先器先生。

中国药理学科翘楚大家
开拓西北高等医学教育
——国立西北医学院首任院长徐佐夏

□ 刘 铨

1939年夏，成立不久的西北联大发生重大变化，其校务委员会常委、国立北平大学校长徐诵明因不满教育部过分插手校务，干涉课程设置，无理强令解聘进步教授等原因，愤而辞职离去，导致原北平大学40多名教授和教师也随徐诵明先后辞职离校，西北联大医学院院长蹇先器也随之辞职。西北联大随后被教育部分立为五所独立学院，医学院独立为国立西北医学院，且刚刚迁到条件艰苦落后的汉中农村。在此形势下，扶持起新独立的医学院，稳定医疗教学秩序，必须有一位德高望重的学者来主持大局。8月14日，教育部任命医学院药理学教授徐佐夏为国立西北医学院院长，而徐佐夏也果然不负众望，很快就稳定了局势，带领国立西北医学院度过"初生的阵痛"，走上了稳步发展的道路。

徐佐夏，字益甫，1895年出生于山东广饶徐楼村，1917年毕业于中国教育部开办的中国第一所西医学校——国立北京医学专门学校，为该校首批学生之一，1919年考取山东省赴欧留学生，赴德国柏林大

徐佐夏

学、哥廷根大学和格莱夫司瓦尔多大学学习药理学，获博士学位，毕业后在柏林药理研究所任教研员。1924年回国，任北平大学医学院教授。1937年春再次赴德国进修。当闻知七七事变爆发后，徐佐夏谢绝同事们的挽留，立即决定返回祖国，将自己学得的医术贡献给祖国的抗日战争事业。当时北平已为日军占领，北平大学与国立北平师范大学、国立北洋工学院内迁西安，组成了国立西安临时大学。徐佐夏越过日伪封锁线，直奔抗日战争的大后方西安，加入西安临时大学医学院，任药理学教授。

1937年12月1日，由徐佐夏担任领队，与王同观副教授率领国立西安临时大学学生抗日宣传队数十人到汉中宣传抗日，他们从宝鸡到汉中，步行深入褒城一带县城乡镇两个多月，组织民众集会演讲、帮助地方编印刊物、培训中小学生，揭露日本帝国主义在中国犯下的战争罪行，宣传抗日救国的道理，并讲授防日军轰炸、防毒气的知识，同时为民众百姓治病，开展医疗教学活动。许多地方听到宣传队要来，民众早早就自发地列队热烈欢迎，产生了很大的社会影响，1938年2月宣传队奉命返回西安后，汉中各界还联合赠送抗战宣传队一面锦旗，以表彰他们突出的民众宣传贡献。

1938年3月，日军进逼潼关，并大规模轰炸西安。为筹划安全防务，军事当局命令西安临时大学迁移汉中。西安临时大学全校师生编为三个中队十余个区队，教职员为独立区队，徐佐夏随全校师生乘

"闷罐"火车到宝鸡后，沿川陕公路徒步翻越秦岭，跋涉十余天进入汉中，医学院设在南郑城内中学巷。4月，教育部根据行政院《平津沪战区专科以上学校整理方案》令西安临时大学改为国立西北联合大学。徐佐夏继任西北联合大学医学院药理学教授，在此期间，他积极协助医学院院长蹇先器教授聘请教师、联系实习基地，并借南郑卫生院开设门诊，促使医学院的教学、医疗等工作很快就绪。

1939年年初，日军开始对汉中进行狂轰滥炸，西北联大医学院的教学工作陷入停顿。4月西北联大决定将医学院迁出城内。经蹇先器院长勘查，医学院搬至城东十余里的马家庙，附属医院搬至三里外的黄家坡文家庙，学生们或租住在农民家中，或住进搭建的草房中，教师们则分别租住在沿汉江各村的老乡家中，此时医学院的教学和生活条件都十分艰苦。

1939年8月，国民政府教育部令国立西北联合大学改为国立西北大学，医学院独立设置，改称国立西北医学院。医学院院长蹇先器及多位教职工辞职离院，8月14日教育部任命徐佐夏为独立后的国立西北医学院首任院长。

徐佐夏就任第一任院长的国立西北医学院，是一个刚脱离北平大学，又从西北联大独立，还连续搬迁的一个简陋"摊子"，教学条件和生活条件都很艰苦简陋，并多次受到日军飞机轰炸，人员房屋受到严重伤亡和损失。一些德高望重的老院长以及著名教授如徐诵明、吴祥凤、蹇先器、严镜清、林几、陈礼节等先后离去，时局动荡、人才缺乏、人心不稳。徐佐夏担任西北医学院院长后，领导医学院和附属医院师生们边学习、边基建，修缮破旧祠堂庙宇、加盖草房，先后建成了数十间教室、实验室、图书馆、操场、学生宿舍和食堂，为附属医院先后建立起50多间病房、手术室、化验室和调剂室。他主持续定了医学院各类章则及办法，如《国立西北医学院院则》《医学院组织大纲》《本院学则》《学生操行奖惩办法》《练习医师服务规则》《附

国立西北联大常委徐诵明与医学院教师和部分学生在南郑县东郊医学院本部马家庙前合影。前排：眼科副教授刘新民（左二）、病理学副教授毛鸿志（左三）、儿科学教授颜守民（左四）、法医学教授林几（左六）、医学院院长兼皮肤花柳科教授蹇先器（左七）、西北联大常委徐诵明教授（左八）、药理学教授徐佐夏（左九）、内科学教授陈礼节（左十）、儿科学专任讲师厉矞华（左十二），前二排：学生李景颐（左一）

属医院实习规则》等十余项制度规范；整顿人事管理，提高工作效率，便利校务进行；强化财务审核及经费支配制度；充实设备；规范教务，制定各科课程纲要，保障教学质量，使医学院教学医疗逐步走上正轨，并为南通医学院、国立河南大学医学院提供教学实习基地。附属医院也初具规模，医护员工已有40多人，添置各等级病床67张，后发展到110张，日门诊量逐步上升到300多人次。他重视学术交流，1940年创办《西北医学院院刊》，组织成立了以教授为主的医学抄读会，交流介绍新医学，并允许学生旁听。组织举办科学化宣传运动展览会。除医学院原设有的医学研究所，还成立了地方病研究所，开展科研，并广泛延聘国内知名教授来执教或兼任教授，如以外科圣手而著称的万福恩、组织解剖学教授王顾宁、药理学教授马馥庭、耳鼻喉科教授张济乡、皮花科教授赵清华、细菌学教授纪学参等，提高了教学质量和医学院的声望。他还特别注意提拔重用年轻医师，留住优秀的毕业生，如王兆麟、霍炳蔚、张之湘、孙撷芬、李景颐、梁福临等，他们中的许多人以后都成了国内知名的学者。1943年元月，抗战进入相持阶段，内地形势好转，徐佐夏积极努力改善教学条件和环境，征得鄂陕甘边区警备司令部批准，在中央军校腾出来的汉台校址建立门诊部，并向教育部争取到25万多元拨款为门诊部修缮房屋，购置设备器械。第二年又将附设医院迁回城内与门诊部合并，并将医学院迁到条件较好的文家庙附设医院，极大方便了民众就诊，扩大了实习基地，改善了学生学习环境和生活条件。

抗战期间，日军对战略物资封锁很严，大后方物资匮乏，尤其是医疗器械和药品都很短缺，除政府配给外，徐佐夏一方面设法到我国香港地区和南洋一带采购，一方面利用自己的学识专长，与毛鸿志教授成立中药研究所，就地取材，积极研究开发中药，提取中药有效成分以代替西药，如以土硼砂为原料提取医用硼酸等，并支持大学生成立药物研究会，研究发现和提取各类中药的有效成分，力求弥补药物不足的缺陷。徐佐夏对于护士等技术人才的培养也十分重视，在他的倡导下，医学院开办了两年制的中级护士助产训练班，共培养毕业生90余名。徐佐夏还特别注意关心和改善教职工的生活，在三皇寺开办了子弟小学，为教职工解决子女上学问题。

徐佐夏任院长期间对国民党当局在大学里实施的消极抗日、积极反共的政策和行为十分反感。1941年5月，医学院学生徐骏、高履勋被抓，徐佐夏闻知后积极出面营救，两名学生在李学禹和陈作纪教授的保释下得以获释。由于军事教官在学校飞扬跋扈，长期欺凌同学，加之物价飞涨，学院的教学经费和教学条件受到非常大的影响，1944年元月，以第八班学生和军事教官发生冲突为导火索，爆发了全校性学潮，学生以罢课表示抗议。先是鄂陕甘边区警备司令祝绍周要求徐佐夏和附设医院院长赵清华报告学潮情况，之后教育部部长陈立夫又召徐佐夏、赵清华和教务主任李宝田到重庆再次报告学潮问题。为解决事端，在免去军事教官的同时，教育部免去了徐佐夏的院长职务，同时解聘了教务主任李宝田和附设医院院长赵清华。徐佐夏从此离开了他为之学习和服务了30多年的医学院。

1945年2月至1951年8月，徐佐夏应聘到江苏医学院（后更名南京医科大学）执教，兼任该院教务委员会主任委员、副院长。1951年徐佐夏调任山东大学医学院教授、药理学教研室主任、院长。1956年被评为国家一级教授。1956年山东大学医学院独立建院，改称青岛医学院，徐佐夏继任青岛医学院教授、院长。

徐佐夏致力于医学药学研究近半个世纪，专长药理学、药用植物学、毒理学。他主持成功研制了"血压立定片""抗哮喘片"等12种新药。译著主要有《简明药理学实习》《处方学》，1936年由北平大学出版社印刷为教学用书；1952年后又编译了《药理学》《毒理学》《植物疗法》等。

徐佐夏在全国医药学界、科技界有较高声望，曾任第一届中国药典委员会委员、中华医学会山东分会副理事长、山东省药学会理事长、山东省科协常委、青岛市科协副主席等。他1953年加入九三学社，任九三学社青岛分社副主委、青岛市政协副主席。从1954年开始，连续当选为全国第一、二、三届人大代表，先后出席了全国、山东省和青岛市的文教战线群英会。1959年被选为九三学社中央委员。1962年加入中国共产党。1966年"文化大革命"开始，他被无端剥夺了工作的权利，被关押在"牛棚"里，身心受到很大摧残，但他仍念念不忘所承担的"口服避孕药"这一国家科研课题的实验研究。1971年11月1日徐佐夏含冤去世，终年76岁。1979年，中共山东省委为徐佐夏平反昭雪，恢复名誉。

  国立北平大学在抗战烽火中迁陕，历经改组合并院系分离，最终未能复校北平，其工、农、法商、文理四个学院均或消失或融入西北大学、西北农林科技大学等西北各高校中，唯其医学院完整遗存下来。在历经国立西安临时大学医学院、西北联合大学医学院、国立西北医学院、国立西北大学医学院、西安医学院、西安医科大学的变迁后，现发展为西安交通大学医学部，它传承了中国最早的现代医学的火种，奠定了西北现代医学高等教育和医学科学的基础，并为其发展、壮大、普及做出了不可磨灭的巨大贡献，尤其在抗战艰苦年代里，为保存中国现代医学事业发展做出了特殊贡献，其中徐佐夏院长所做的重要贡献应被铭记并应给予高度评价。

迎接时代新曙光的院长
——马载坤

□ 刘　铨

　　1949年5月20日，中国人民解放军开进西安，在历经一年多艰难的坚守和反迁院斗争后，西北大学医学院附设医院（今西安交通大学第二附属医院）终于迎来了新的跨越式大发展的生命周期。而带领医院迎接解放新曙光的院领导，就是当时的代理院长马载坤先生。

　　1915年11月27日，马载坤出生于山西省万荣县东杜村。1928年他考入闻喜中学，1931年插班考入太原中学，因成绩优良列前三名被保送进入北平通州潞河高中。在潞河高中，他开始接受进步人士影响，追求科学和社会进步，曾在校刊《协和湖》上发表抗日文章，1933年以满腔抗日热忱积极参加了古北口、喜峰口的长城抗战救护工作。1935年，马载坤被保送入齐鲁大学医学院就读。

马载坤

1937年10月日本军队逼近黄河，齐鲁大学被迫撤至四川成都华西坝，马载坤将自身的六百元大洋及一千元存折设法汇寄西安，欲赴延安参加抗日。当他去与导师叶鹿鸣教授告别时，叶教授语重心长地劝诫和勉励他应先学好专业，习得一技之长再去延安抗日，亦不为迟，导师的一席话使他改变初衷，决定留校继续学习钻研医学知识和理论，丰富自身才能，但他一心抗战报国的信念始终不曾动摇。1938年夏，他与齐鲁大学的十余名同学利用暑假期间积极参加了修筑成都南郊太平寺飞机场的劳动，他们一边热情为民工服务，一边积极宣传抗日救国。

1942年马载坤以优异成绩从齐鲁大学医学院毕业，同时获得齐鲁医学学士及加拿大医学博士双学位。毕业后他先后在四川西康富林公路卫生站、绵竹仁泽医院、成都空军医院、成都市立医院从事外科工作。走进社会后，他对于当时官场的腐败和百姓的疾苦与悲惨命运感受颇深，他积极靠拢共产党地下组织，并参与了传递信息、交换物资及掩护地下党人员等工作，他曾掩护民盟四川领导四川大学讲师黄宪章住进医院以躲避特务抓捕。1944年，他已准备好搭乘飞机前往延安，因与地下党失去联系未能成行，但引起当局的怀疑。1945年，其老师董秉奇通过关系获悉国民党特务已准备抓捕他时，暗示他迅速离开成都，避免遭到毒手。于是马载坤携全家来到西安，经齐鲁大学医学院同学张时介绍进入广仁医院，与叶瑞禾、王秉正、张哲丞、杨子超等一起从事医疗工作。

1946年，西北医学院改称西北大学医学院，和附设医院自汉中迁来西安，因许多教授职员辞职他就，医学院临床教职聘请了多位齐鲁、华西同学所充任，同时该校刚迁西安，附设医院尚在建设之中，学生临床实习也安排在联勤总部西安陆军总医院进行。当时在陆军总医院任主治医师者，同时可兼任西北大学医学院讲师职务。1947年，在张同和教授的介绍和帮助下，马载坤辞去广仁医院之职，转入西北大学医学院任讲师，同时兼任陆军西安总医院主治医生，后被西北大学正式聘为医学院外科副教授，开始了在西北大学医学院的临床教学和医疗工作。

1948年，随着西北战局变化，国民党军队溃退撤出延安，时局动荡，物价飞涨，不少富有者纷纷设法离开西安，前往四川或南方。西北大学医学院和附设医院亦接到军事当局命令要求迁校四川。11月，西北大学成立应变委员会，商讨有关迁校事宜，并派遣附设医院院长王立础等赴重庆联系迁校事宜。在医学院教授会议上，推举由马载坤任附设医院代理院长主持医院管理，并签请西北大学予以聘任。当时论资历、职务，马载坤是最年轻的副教授，且来西北工作不到三年，何以得此任命？原因在于一则当时医学院内日德派与英美派教授在医学教育与医疗理论及措施上长期存在矛盾和差异，马载坤和双方均能较好相处；二是在广大学生的请愿声中，公认马载坤为人热情，处事公允，能不从派性出发办事，因此，教授们大多认可马载坤为代理院长的合适人选。

12月18日，西北大学决议要求医院停止收容住院病人，停止门诊，准备迁校。马载坤召集医院职工进行会议商讨，大部分教授和员工不同意搬迁，医院决议与医学院采取一致行动，全体同仁愿继续在原地工作以维持生活，如有愿去四川者签名，医院设法运送。对于军事当局一再要求搬迁的催促和威胁，马载坤与医院秘书张时等以上级不拨经费，无法购置包装设备物品等原因，采取软拖硬磨，收拢拖延的策略。同时在中共地下党的领导下，医院组织了护校队保护院产，阻止迁校。在教育部不再下拨经费的情况下，组织医护人员为中南公司查体，对外进行手术，医院开设小卖部、理发室，出卖医院内水井的甜水等办法增加收入，将收入和盈余分给全院职工，以安定大家的生活和情绪。1949年1月，西北大学应变委员会决定不迁校，医学院决议成立应变分会，马载坤担任委员之一。医院遂决议不迁，于2月

14日门诊复诊，21日病房也开始收治病人，并在《建国日报》《西京日报》刊登启事，以广周知。由于中共地下党的领导和组织，全院教职工齐心协力反迁校迁院，马载坤等校院领导对国民党军事当局不予配合，医学院和附设医院的教学医疗工作延续未停，医学院和附设医院财产未受丝毫损失，直至解放军军管会进驻接收。马载坤代院长和医院教职工的反迁护院工作受到军管会多次表扬，并受到贺龙元帅的赞许。

1949年5月20日，枪炮声渐渐停息，解放军开进西安。一大早，马载坤代院长与医院秘书、内科医生张时带领医护人员抬着担架，提着卫生急救箱，打开医院大门到新城北门，救护解放军伤员，并代表医院向解放军表示欢迎和慰问。6月7日，由于王立础院长入川久而不归，医学院第一次临时院务委员会决议，签请西北大学正式聘请马载坤为附设医院代理院长，20日，国立西北大学聘马载坤为医学院院务委员会委员。6至7月解放韩城战役打响，伤员很多，马载坤从西安军管会得知负责医疗的西北军区第一后方医院人力极度匮乏，医疗

1948年11月3日国立西北大学附设医院由汉中迁至西安重建周年纪念同仁合影（前排左三为马载坤）

水平粗放，医疗救治跟不上，随即表示愿意帮助解决部队缺乏医疗人才的情况。7月底扶眉战役打响，医学院组织了四个师生支前救护队分头到第一野战军的各野战医院工作，马载坤也立即申请组织手术医疗队，支援前线战役，他以西北大学医学院附设医院代院长兼手术医疗队队长身份，带领14名医护人员赴西关飞机场西北军区第一后方医院，帮助该院的医疗工作。当时以刘潍、李炳之、潘念慈为首的第一后方医院已收治了伤员2400余人，正愁力量薄弱，医学院附设医院医疗队的到来大大加强了该院的医疗工作力量，在一个多月的工作中医疗队成绩卓著，有效救治了许多伤员，深得军管会领导好评。9月初因医学院行将开学，手术队撤离回院。此时西北军区卫生部部长贺彪、曾育生等军队领导感到人才难得，极力敦劝马载坤留在部队工作，暗示马载坤写一自愿参军申请书，以作为部队与地方交涉的依据，对马载坤及其家属则提供供给制待遇。当年10月，马载坤坚请辞职，西北大学再三挽留无效，同意退还原聘书。马载坤离院参军，到西北军区第一后方医院工作，被任命为医务副主任，妻子沈静被任命为总护士长，总管全院的临床护理与护理人员的培训教学工作。

当时的第一后方医院（后改名第三陆军医院，现为儿童医院）在一个废弃工厂内，房屋破旧，无上下水，无卫生设备，技术人员极度匮乏，为救急，马载坤申请上级从军医大学应届毕业生中抽调35人，又从西安招进270余人，对其进行科学培训和整顿，使医院初具规模和功能。5个月即收治了800名从抗美援朝战场上转来的志愿军晚期战伤伤员，马载坤与同事们一起昼夜操持，积极组织救治，多次受到上级表扬，马载坤和妻子分别荣立二等功和三等功，第三陆军医院被授予集体三等功。

1953年，第三陆军医院改为地方康复医院（儿童医院）。1954年1月，马载坤被调往第六陆军医院（第四军医大学第二附属医院，即今唐都医院）任副院长，经其整顿医疗制度与完善医疗常规，到归建第四军医大学时，第六陆军医院的教学体系已初具规模。1954年，马载坤加入中国共产党，1955年，马载坤被授予军医少校军衔，1957年，任第四军医大学第二附属医院院长兼四医大外科教研室主任。1959年，马载坤率四医大医疗队赴西藏参加平叛医疗。1961年，自西藏回来后奉总后勤部调令赴京任海军总医院外科主任兼大外科党总支书记。1986年，离职休养。1998年7月9日，马载坤病逝于北京海军总医院，享年83岁。

马载坤一生追求科学与社会进步，热心效力国家民族，专注医学事业，善于团结同事共同奋斗，具有很高的医学专业技术和丰富的工作经验，尤其在野战外科和矫形外科方面有很深的造诣。无论在西北大学医学院附设医院（西安交大二附院），或之后在四医大二附院或海军总医院，都做出了很大的贡献和显著的成绩。尤其在西安解放前夕的困难时期，马载坤临危受命，担当医院领导，与医院同仁一起不畏强权，保校反迁，为新中国奋力保护和保留住了西北地区当时唯一的一所高等医学教育机构——西北大学医学院及附设医院，即现在的西安交通大学医学部和第二附属医院，马载坤所做出的努力和贡献应被永远铭记。

中国现代法医学的奠基人
——林几

□秦　风

　　现代法医学是伴随着现代司法制度兴起而产生的一门学科。我国的现代法医学产生于民国时期，林几是这一时期该领域最为杰出的人物之一。从在北平大学医学院任教开始，到后来跟随医学院内迁并改组西北联大医学院，再到为中央大学筹建法医科，到最后在南京大学医学院任教，林几的后半生都在为推广现代法医学而努力，是公认的中国现代法医学的奠基人。

一

　　林几生于1897年，福建福州人，其父林志钧曾在北洋政府司法部工作，是民国时期比较知名的人物。林几早期的志向并不是学医，而是和其父亲一样从事司法工作。1915年2月，林几赴日留学，选择了东京帝国大学的法政科。就在林几赴日后不久，袁世凯同日本签订了《二十一条》，引起国人强烈愤慨，1917年，旅日的留学生举行了反对日本控制山东的爱国大游行，林几辍学回国。
　　1918年秋，林几又考入国立北京医学专门学校（北京医科大学前身)。这所学校是民国时期医学界的高等学府,也是最早设立类似于法医学课程——裁判医学的两所学校之一(另一所是浙江省立医药专门学校)。从政法转投法医学,其中原因或许可以从林几本人1924年发表的一篇名为《收回领事裁判权与法医学之关系》的文章中窥见一斑。当时正值废约运动风起云涌之际,运动的一项内容就是取消治外法权和领事裁判权,医学界和法医界人士提出了"改良司法,发展法医"的口号以响应。林几在《北京

林几

晨报》上发表了文章,他认为,"法医学为国家应用医学之一,凡立法、司法、行政三方面无不有需于法医学","改良法医应成为司法革新目标之一",可见放弃政法转投法医,其实是为了更好地为政法事业服务。他是经过了深思熟虑的,不是出于个人前途考虑,而是以国家需要为前提的。

二

毕业之后林几留校任教,两年后又受学校委派去德国维尔茨堡大学学习法医学。留学德国期间,林几完成了《吗啡与鸦片中毒的毒理学研究》论文,同时,还在国内的医学杂志上发表论文传播法医学知识。1928年,林几学成归国后继续在母校任教,正式开始了他的法医生涯。

中国古代并没有科学意义上的法医学,司法工作中运用的是以经

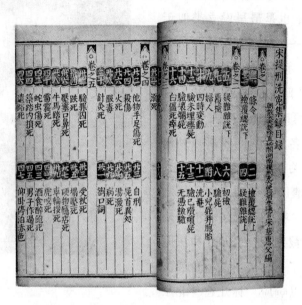

《洗冤集录》目录

验、猜测为主的古典法医学，仵作则承担了大部分检验尸体、案情分析等工作。南宋时著名的法医学家宋慈编写出了世界上最早的法医学专著《洗冤集录》，其中的检验方法几百年间一直为后世仵作所遵循。到了 18 世纪，西方医学、化学等学科的发展促进了法医学走向科学阶段，中国却仍是旧式的尸表检验，往往会出现失误。例如，1923 年陆军某团长暴亡，军事法院人员前往调查，由仵作负责验尸。仵作在死者口中和肛门各放入银针一枚，包裹尸体后喷洒开水，一小时后发现银针变黑，断定死者为中毒身亡。关于银针验毒的方法，在《洗冤集录》中是有记载的，主要是测古代最常用的毒物砒霜。古时砒霜纯度不高，常含硫化物，硫化物与银针反应生成黑色的硫化银，银针测砒霜依据的就是这个原理。而人死后尸体也会产生硫化物，以银针变黑作为中毒与否的标准并不准确，很可能造成冤案。1806年，德国科学家已经实现了对人体组织中砒霜的检测，此案如果采取科学手法验尸，结果会准确很多。宋慈受时代局限，断案更多地凭借前人经验和猜测，但到了几百年后的民国时期，随着科学的发展，一些手段已经被证明是没有科学依据的，不做改变，只会使中国法医学更加落后。

林几看到了这个差距，感叹说："惜后人不能追踪精研，推陈出新，延至今日，终落于人后，不亦悲夫！"发展法医学离不开人才，而这正是当时中国最缺乏的，全国只有两三所医学院开设了真正意义上的法医学课程，于是林几下定决心培养法医学人才：他在《拟议创立中央大学医学院法医学科教室意见书》中提议，在全国建立六个法医学教室，既可培养法医，又能处理相关案件；1930年，林几在母校（这时已改组为北平大学医学院）建立了中国医学院校中第一个法医教（研）室；1932年，林几受司法行政部委托，在上海筹建了法医研究所并任所长，招收了检验员和研究员进行培训，还于1934年创办了我国第一个公开发行的法医学杂志——《法医月刊》。这个研究所位于上海真如，之前是由另一个法医学家孙逵方筹建的，1932年春天由林几接手，于当年8月建成。建成后的法医研究所规模甚大，划分也非常细致，有解剖、病理检验、细菌学检验、物证检验、毒物分析、眼耳鼻科暗检处、实验室等相关科室；有从西方购买的先进仪器，还建造了当时在国内还非常少见的尸体冷藏柜；能自己制造人和动物的鉴别血清、亲子鉴定血清；人员方面有一批相关专业的专家在研究所任职，遇有疑难问题则共同研究探讨，不仅水平高，办案效率也高，每月能处理百余起案件。

在今天来看，可能一个法医研究所的成立算不上多么重大的事件，但考虑到当时的社会情况，这绝对是一个来之不易的成果。在现代法医学发展过程中，除了法医人才匮乏外，传统守旧观念的束缚也是一大阻力。1912年的时候，北洋政府曾颁布过一个《刑事诉讼律》，准

林几教授生活照

许出于处理案件目的解剖尸体,但实际上解剖验尸的手段一直未能得到广泛推广。1924年,上海地方检察厅曾与同济大学医科订立验尸契约,为期一年。契约未至期,有律师上书检察厅反对解剖,理由是解剖手段"仇视尸体完好",地方检察厅最终叫停了解剖验尸。可以看出,现代法医学在发展初期面临的来自守旧势力的阻力是不小的。不到十年时间,同样是在上海,法医研究所成立,既培养了法医人才,也通过科学、严谨的手段维护了司法公正,保障了法律尊严,使司法真正成了普通民众权利之保障。法医研究所的建立,既是林几等"法医人"多年努力的成果,同时也是社会各界对现代法医学的态度大为改观的一个反映。这不能不说是现代法医学在中国发展过程中的一个不小的胜利。

《法医月刊》

林几在研究所工作了两年多，因为健康原因回到了北平休养，同时在北平大学医学院任教。也就是在这一时期，林几根据自己的研究成果和临案经验编写了《法医学讲义》。医学院的一些课程是没有固定教材的，学生一边听课，一边还要抓紧时间记笔记，林几把讲义发给同学们，学生上课便利不少，而医学院其他老师对该讲义评价也很高。

三

卢沟桥事变后，北平大学西迁，一部分教职人员来到西安，参与了组建西安临时大学，包括林几在内的教职人员多是来自平大医学院。由于对日战事失利，日军已经逼近陕西，敌机也多次在西安上空进行轰炸，西安临大于1938年4月初再迁至汉中，改组为国立西北联合大学，平大的医学院则改组为西北联大医学院。林几随医学院辗转到了汉中。

战争期间条件艰苦，基本生活条件之差自不必说，连生命安全都难以保障。日军飞机除了在西安进行轰炸，还会不时地轰炸陕南，学校经常要进行疏散，为此还搬迁过一次。在这种恶劣环境下，医学院教学并没有松懈。除了日常的课堂教学外，教授们还要负责学生们的个人生活情况，一般是两三个教授负责一个年级，林几和其他两位医学院教授负责的是五年级。这些教授们每月要召集所负责年级的学生举行讨论会、谈话会，或者远足以进行团体训导，每学期都要对学生的思想、品行、健康状况进行考察，以达到"注重人格之熏陶、学校之指导及身心之休养；养成良好学风及培养学生自治能力；养成纪律的理性及奋斗的集团生活"的目的。西北联大能在艰苦的环境中培养出大批人才，和学校良好的办学理念不无关系。

医学院在西安时，仅有学生86人，1938年迁至汉中后稍多一些，但也不过129人，其中法医专业学生想必不会太多。因为战争的影响，

西安双仁府社区（林几与夫人林惠于1937年8月到达西安，在此处生活过一段时间）

正常的推广传播难以为继，上海的法医学研究所也在日军轰炸中被毁，这一时期的林几心情难免会有些复杂。1939年春节过后不久，林几在南郑县住处院落的梅花树下拍了一张照片，他在照片背后题道："南郑清香发庭院，梅花树下了万愁。"林几喜爱梅花，在北平居住时，院里就种有梅花，那个时期也正是现代法医学在中国逐渐兴旺之时，而如今国家遭难，法医学发展受阻，看到盛开的梅花树，追忆往昔，教人怎能不愁！

四

1939年8月，林几离开陕南前往重庆，在国民政府中央卫生署工作，之后又在位于成都的中央大学医学院任教，并为该院筹建了法医科，同时举办了"高级司法检验员训练班"。学成之后，学员们被分配到各地司法机关。抗战胜利,林几随中央大学医学院迁回南京,该医学院在 1954 年和原来的第四军医大学合并为现在位于西安的第四军医大学。林几在新中国成立后到了卫生部卫生教材编审委员会工作,负责编审法医学相关教材,并于 1951 年秋天创办了全国第一期法医高师培训班,培养了郭景元、胡炳蔚、吴家驳、祝家镇等 19 人,这是新中国成立后培养出的第一代法医学教授,这些人学成后奔赴各地,共同组成了创建我国当代高等法医学专业教育体系的核心力量。例如,胡炳蔚,1953 年在西安交通大学创建了法医学科;郭景元 1953 年在中山医学院创建了法医学科,马王堆汉墓古尸的血型就是由他鉴定出的;吴家驳和同为培训班学员的妻子吴梅筠在 1953 年创建了四川医学院法医学科,该法医学科是如今四川大学法医学科的前身。

由于长期劳累,林几健康状况恶化,同年 11 月病逝于南京大学医学院,享年 54 岁。按照林几遗嘱,他的尸体在死后进行了解剖,脏器捐献给了医学事业。

五

林几被公认为我国现代法医学的奠基人,其开创性贡献主要体现在两个方面:

(一)林几促成了中国法医学由古典到现代的转化

学成归国后,林几先后在北京、上海工作了一段时间,这一时期他整理了一些案例,和西方法医学做了一番比较,发现了一些不同之处。例如,送检尸体,西方常是刚死不久即拿去检验,而中国的多是腐烂不堪,甚至已过数年,因此林几把研究重点放在了腐尸检验上,发表了《已腐溺尸溺死液痕迹检出新法》等文章;毒物检测方面,林几做过统计,砷中毒占 2/3 左右,因为我国是农业国,农药较易得

(农药多含砷），因此他的毒物检测工作重点就放在了农药与鸦片上。这种治学方法充分发挥了现代法医学的科学性和实用性，现代法医学能够成功地在中国推广开来，和林几切合实际的治学思想有着很大关系。

　　林几本人对中国古代法医学有过研究，著有《法医学史》。对于写出了《洗冤集录》的前辈宋慈，林几本人是比较赞赏的，认为宋慈"富有思想，坚于创作"，也并没有因为《洗冤集录》中一些不科学之处而彻底将其否定，而是对该书进行了矫正，如其中的银叉验毒、滴血法（滴血认亲）等，还编写了一本《洗冤录驳议》。同时，他还注意吸取古代法医学的宝贵经验和学术思想，例如，滴血法，虽然不科学，但林几却从中看出了宋慈的可贵思路，那就是利用血缘来认识亲属关系，这个手段是血清检验法的萌芽，我国第一例亲权鉴定工作就是由林几主持开展的。时至今日亲权鉴定的技术已经比较成熟了，广泛应用于司法工作中，对于维护司法公正、法律权威有着重要作用。

　　在断案中准许解剖尸体，这是古代法医学和现代法医学的分水岭。早在 1912 年，北洋政府就曾立法准许尸体解剖，但之后因为种种原因，法医学一直在古典和现代的岔路口徘徊不定。正是林几的大力推广，才使法医学在这个岔路口确定了方向，走上了科学、严谨的现代化之路，法医研究所的成立是其主要标志。林几没有割裂古代法医学和现代法医学之间的联系，而是在原有基础上取精华、弃糟粕，进一步发展，成功地将古典法医学和现代法医学衔接起来，延续了古代法医学的发展脉络，保存了中国古代法医学宝贵的治学思想。

　　（二）培养各级法医学人才，创建了我国当代高等法医学专业教育体系

　　考虑到法医学对从业人员专业素养要求较高，所以林几走的是德国式路线，即在大学开设法医研究所，以此进行推广。回国初期，林

第四军医大学（中央大学医学院1949年改组为南京大学医学院，1954年和原第四军医大学合并，组建了新的第四军医大学）

几就在母校北平大学医学院筹建了法医教研室，按照他的构想，还要在上海、汉口、广州、重庆、奉天（沈阳）五个地方筹建法医学教室，除培养人才外，还可兼办邻省案件，若出成绩则各地效仿，最终推及全国。因为抗日战争的爆发，林几大规模兴办法医研究所的愿望并没有实现，但从后来的西北联大及中央大学医学院的工作来看，这种教育思想贯穿了林几一生，并深刻影响了之后的法医学教育。除了前文提到的西安交大、中山医学院等院校的法医学科，20世纪80年代又有上海医大、同济医大、华西医大等六所院校成立了法医院系，林几的教育思想得以继承和传扬，令人欣慰！

现代法医学发展得缓慢，仅靠少量高精尖人才是难以解决这个问题的，为此林几又制订计划，培养三类法医人才：一是司法机构的在职法医，二是法医学研究员，三是初级的法医检验员，新中国成立后又举办了一届高师培训班，培训出来的学员直接进入高校从事教学活动，各层次人才各司其职，充分发挥了现代法医学的巨大作用，为我国法医学的繁荣打下了坚实基础。

林几本人非常注重学生的实践动手能力，常常教育学生要亲自动手，仔细观察，不能像过去的县官一样断案不看尸体，只听仵作口头汇报情况。作为法医学学生，观摩解剖工作是必不可少的，有的学生由于初次见习，见到尸体不敢近前，躲在胆大的同学背后，看似都在台前观摩，实际上根本不敢抬头去看。林几悄悄走近，将学生拎至解剖台跟前，鼓励说："越怕就越要你靠近尸体，加强锻炼！"然后站在旁边，学生吓得面如土色，却又不能躲开，逐渐克服了恐惧感，到后来见习时，也敢主动站在前排了。

六

林几37岁时和林惠女士结婚，两人婚后琴瑟和谐，每逢结婚纪念日往往会拍照留念。林几比林惠大9岁，两人平时也以"几哥""惠妹"相称。林几去世后，林惠将林几骨灰保存家中，1959年，林惠去世，亲属将两人骨灰合葬在南京雨花台。林几夫妇无子女，二人视学生如己出。在林几30年的教学生涯中，培养了大批法医学人才，这些学生继承了林几遗志，在各自的岗位上继续为发展法医学而努力着。

中西医结合治疗骨伤的创始人
——尚天裕

□ 秦 风

一

尚天裕是我国著名的中西医结合骨伤科专家，生于 1917 年，是山西省万荣县人。尚天裕的祖父是清末秀才，平时喜欢读医书，晚年在乡里为乡亲们诊脉看病。尚天裕从小跟着祖父读书，受其影响非常大。祖父临终时对他再三训嘱："用心读书，继承祖业。"

年轻时的尚天裕虽然遵从祖父遗训用心读书，但并不是一味学习的书呆子，他关心家乡山西的状况、国家的命运，年少时曾因反对阎锡山会考制度而被开除学籍；1936 年西安事变前夕，尚天裕在西安读高中，他参加了西安学生"停止内战、枪口对外""一二·九"请愿游行。西安事变爆发后，尚天裕作为学生代表，领队前去慰问了红军、西北军和东北军。

1937 年，尚天裕高中毕业，接着考入了东北大学工学院（因日本侵略已西迁至西北），不久后他又退学，考入西安临时大学医学院。1937 年年底，侵华日军逼近潼关，西安临时大学南迁汉中，改组为西北联合大学。在西北联大医学院求学时期，尚天裕师从我国著名医学

尚天裕

家万福恩教授。万福恩教授毕业于协和医学院，曾任中国红十字会救护队第一大队队长，和共产党人有着深厚交情。1937年，陕甘宁边区政府成立后，他还曾和白求恩等人到边区医院工作过。他反对国民党的消极抗日政策，对共产党艰苦奋斗一心抗日的主张非常赞同。林伯渠得知后，亲自登门拜访，并多次邀他到八路军办事处做客。通过多次来往，他对共产党人有了深入了解，对德高望重的林伯渠异常钦佩。有一次，办事处在洛阳购得一批奶牛，费尽周折运至临潼时，国民党武装特务阻止通过。林伯渠请万福恩予以帮助，万福恩立即与红十字会延安医疗队队长薛培基商量，由医疗大队出面，出示了一个路条，说这批奶牛是英国大使馆给在延安工作的印度援华医疗队采购的，最终顺利通过了边卡。

1944年，尚天裕以优异成绩毕业，留校任外科助教（联大医学院这时已改组为国立西北医学院）。抗战胜利后他又随恩师万福恩到了南京陆海空总医院工作了一段时间。后来，他自愿留在大陆，辗转北上到天津市立第一医院任外科主任医师，1951年，还参加了抗美援朝医疗队，救治了大量伤员，获得"模范工作者"称号。回国后他被调往天津市人民医院，在中国骨科学创始人方先之教授指导下从事骨科工作，曾任主治医师、副主任医师、主任医师及天津骨科研究所所长。

二

尚天裕的中西医结合骨伤思路起于20世纪50年代。1957年，尚天裕调任天津第一医院外科副主任，分管创伤，骨折手术治疗是他的日常工作。起初，尚天裕认为，凭借着当时安全的麻醉技术和日益进步的外科技术，再加上抗生素的保障，只要做到细致操作、严格无菌，把骨折解剖对位，内固坚强、外上石膏，基本上就没有问题了，但实际情况并不是如此——手术做得越多，内固定越复杂，骨折愈合得就越慢，骨折治疗中的并发症（即所谓的"骨折病"）也就越多。曾经有一位年轻司机骨折术后伤口感染，发展成骨髓炎，住院数年，经过多次手术，忍受了巨大痛苦，最后总算痊愈，但落下了终身残疾。他临出院时流着热泪对尚天裕说："多亏你们把我从死亡线上抢救回来，你们的恩情，我终身难忘！"几句感激的话却让尚天裕非常心痛，按照通用疗法，他并没有成功治愈患

尚天裕在国立西北医学院毕业时留影

《中西医结合治疗骨折》
天津市反帝医院革命委员会编著，由人民卫生出版社1971出版，天津市反帝医院即今天津医院前身

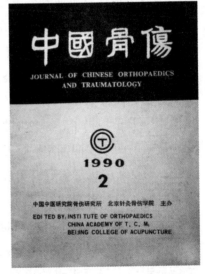

尚天裕担任过主编的《中国骨伤》杂志

者，看着这个年轻人致残却无能为力，这使得一直崇尚外科技术的他很困惑。

当时包括尚天裕在内，已经有一些西医专家对这种治疗方法产生了怀疑。尚天裕希望能改变现状，找到更好的骨折治疗办法，但研究了许久依然没有门路，直到1958年终于出现了转机。1958年，毛主席发出号召，"中国医药学是一个伟大的宝库，应当努力发掘，加以提高。"尚天裕受到启发，儿时祖父诊脉治病的情景再次浮现脑海。我国传统医学有几千年的历史，是我国劳动人民长期同疾病做斗争的经验总结，是宝贵的民族文化遗产，掌握了现代科学知识和方法、具有现代医学知识的西医，应该珍惜祖先遗留下来的文化遗产，尚天裕心想：在发掘中医遗产过程中，能不能找出一条治疗骨折的新路子呢？

卫生局给医院骨科配备了一名正骨中医马老大夫，科里的大夫都认为中西医治疗骨折原理、方法不同，十分排斥。尚天裕在1956年曾参加过天津市卫生局举办的在职西医学习中医班，当时他对中医有抵触情绪，认为西医最为先进，是真正的科学，中医只是老古董而已，勉强学了半年就不学了。这次他有了兴趣，于是放下架子，向老大夫拜师，开始虚心学习中医的正骨技术。有人想不通，说："把手里的'金刀子'扔了，去学捏骨匠，不知他咋想的？！"

最初的两年多时间里，尚天裕应用单纯中医方法仅能治疗简单的骨折，稍复杂的仍然需要开刀和打石膏。这段时期治愈的人数有所增加，但疗效一直没有明显提高，临床治疗进入了瓶颈期。医院里其他一些学习中医正骨技术的西医也萌生了退意。关键时刻，时任天津人民医院院长的马突围坚定地支持了尚天裕，他鼓励尚天裕："中西医结合是走前人没有走过的道路，不可能一帆风顺，有充分的思想准备，才能激流勇进。中国中医药学是一个伟大的宝库，但不是进展览馆，琳琅满目，伸手可得，要主动发掘。"医院把全市有经验的老中医相继请到了医院，请他们谈经验、做示范，同时，又派尚天裕去了

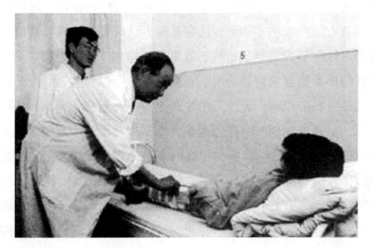

尚天裕在对患者进行诊治

全国八个省市,向十多位中医正骨专家学习。通过阶段性学习,尚天裕受到了很大启发。他认识到,中医治疗骨折的有些技法往往互相保密,无论正骨手法、固定用具、按摩技巧和内外用药都各不相同,各有所长。西医由于过去从未接触过中医,开始学习时,可以先以一方一技、一师一徒的方式入门,但绝不是把西医变成中医。只跟某个中医学,怎能说是"发掘"祖国医学宝库呢?原封照搬,怎能说是"提高"呢?中西医虽然坐在了一起,但井水不犯河水,又怎能说是"结合"呢?现在初步掌握了一些中医基本知识,就要从狭小的圈子里跳出来,取百家之长,走创新之路,使古今中外,皆为我所用。

有了清晰的思路,加上一段时间临床实践的努力,一套以小夹板局部固定为特点、以手法整复和病人主动功能锻炼为主要内容的中西医结合治疗骨折的新疗法终于初步形成,许多病人不再用手术台、牵引架和石膏固定进行治疗,减少了痛苦。前臂双骨干骨折是骨折治疗中的一大难关，前臂有尺骨、桡骨两根长骨，折断后变成四节，出现旋转、重叠、成角、侧移位4种畸形和8个方向的变位。这种骨折在成年人身上都需要手术切开，这在骨科界已成定论。尚天裕用传统中医方法对这种骨折进行了治疗，效果并不理想。在向中医学习时，他发现有的中医整复前臂骨折时，不捏骨头，先捏骨间缝。尚天裕反复琢磨这种方法的原因，最后又在X光透视下进行模拟观察，并和方先之教授一起通过解剖实验进行验证，终于揭开了这个谜团。原来，前臂的特殊功能是旋转，骨折后出现的4种畸形中旋转是最主要的。整复时，在骨折的掌背侧夹挤分骨，使骨间隙紧张，尺、桡骨间的旋转畸形就自动矫正，上下两骨折断端间距相等，相互稳定，各自成为一个单位，复杂的双骨折就像单骨折一样，比较容易得到整复。按照这种正骨方式，治愈率大幅提高，前臂骨折的治疗难关得以攻克，引起了骨科学界不小的震动。

1972年，人民医院骨科迁往天津医院新址。天津医院在当时是亚洲最大的骨科医院，医疗设施相比原来先进了不少，尚天裕干脆住在医院，临床严密把关，随时解决疑难问题。新疗法在实践中继续改进、完善，在突破了前臂骨折难关后，尚天裕又解决了肱骨髁上、髁间、踝部和脊柱等部位的骨折治疗难题，骨折治疗的范围由四肢到躯干、由闭合到开放、由骨干到关节内，使中西医结合治疗骨折新疗法逐步完善，疗效也不断提高。新疗法的优点是：骨折愈合快（较单纯西医疗法可快1/3）、疗程短（较单纯西医疗法缩短了1/2）、功能恢复好（一般骨折的功能恢复满意率为95%）、医疗费用省（仅及过去的1/10）、病人痛苦小（治疗过程中很少发生并发症，诸如关节僵直、肌肉萎缩、骨质疏松、骨折延迟愈合或不愈合），骨折不愈合率由过去的5%—7%下降到0.04%。

三

尚天裕既重实践，也十分重视理论上的研究。他认真研究了中西医治疗骨折的历史，通过比较、鉴别，看到古今医学的区别与联系，以及各自的长处和不足。西医在治疗骨折上，长期以来受"广泛固定，完全休息"的传统观念影响，尚天裕认为，这种观念是错误的，骨骼是肢体活动中的杠杆，承受负重及应力是其生物性能，就是在骨折治疗期间，骨折断端也应承受一定的应力和负重。"广泛固定，完全休息"会对肢体造成生理性损伤，用坚强的内固定用具将骨折断端绝对固定，剥夺骨组织的生物性能，会导致骨质萎缩。中西医结合治疗骨折之所以取得突破性进展，关键在于正确地认识了骨折治疗中的"动与静""筋与骨""内与外""人与物"的辩证关系，正确处理了长期没有解决的骨折治疗中的四对矛盾。过去处理骨折，强调固定，忽视活动；着重处理骨折，忽略肌肉等软组织在骨折治疗中的作用；注重应用机械性外力来整复固定骨折，忽视肢体本身的内在固定力，以及病人在治疗中的主观能动作用。其结果是束缚或限制了肢体的功能活动，影响或破坏了肢体本身的内在固定力，减低或损伤了骨折部的自然修复能力，增加了病人的肉体痛苦和精神负担。在骨折治疗中，固定与活动同样重要，骨折愈合和功能恢复相辅相成，局部与整体彼此兼顾，外固定只有通过病人机体的内在因素才能起作用。尚天裕重新研究了人体骨折后病理、生理变化，具体分析了骨折治疗中四对矛盾，提出了"动静结合、筋骨并重、内外兼治、医患配合"的骨折治疗新原则，使骨折治疗迈上了新的台阶。周总理对这种治疗方法评价很高，在1970年召开的第一次全国中西医结合会议上，周总理说："对小夹板外固定治疗骨折，我很感兴趣，这是辩证法，它说出了真理。局部与整体、内因与外因，两个积极性都要发挥！"

20世纪70年代，尚天裕的中西医结合骨折治疗法传到了国外，先后有上百个外国医学代表团和华侨回国观光团到天津医院了解这种治疗方法。1973年时，奥地利维也纳创伤外科医院代表团曾到天津医院参观，最初这些外国医生并不太相信骨折新疗法，尚天裕进行了现场治疗，并对一些病人进行了复查，最终使来访者彻底信服。临走时他们还向尚天裕索要了相关资料和医学用具，尚天裕送给他们一本《中西医结合治疗骨折》，这本书被译成德文作为骨科丛书在欧洲发行，受到很高评价。克罗斯博士在此书"序言"中写道："1973年，我有机会去中华人民共和国访问，参观了天津医院……我在该院学习了他们的方法，其中最惊人的有两项，一是那里的医生的惊人才智，他们能将较复杂的骨折整复得很好；二是其固定方法与西方有很大的差异……其中最显著的例子是：前臂双骨折及踝部骨折。"

1980年，尚天裕随同吴英恺、吴咸中两位教授去美国参加外科医师学院第66届年会，并访问了13个城市。当地的骨科医生了解到这种中西医结合治疗骨折新疗法后，表现出了浓厚兴趣，不少人提出要来中国学习；1981年，尚天裕应邀到联邦德国访问，不来梅州卫生部长说："我们治疗骨折靠刀，你们靠手，这需要高超的技术"，并表示愿意提供一个医院，集中全市骨折病人办个学习班，推广中国的治疗骨折新方法；为了进行学术交流，尚天裕还访问了朝鲜、尼泊尔、南也门、澳大利亚、意大利等许多国家。

四

在尚天裕的主持下，1980年，中国中医研究院骨伤研究所成为我国首批中西医结合骨伤学科硕士学位授予单位，1984年成为首批中西医结合骨伤科学博士学位授予单位。他主编及参加主编出版的著作有21部，如《中西医结合治疗骨折经验汇辑》《临床骨科学骨病分册》

《临床骨科学创伤分册》等，在中外杂志上发表过100余篇论文。他在近10年的时间里，培养博士3名，硕士6名，曾获中国中医研究院"模范导师"称号。

尚天裕曾先后荣获"抗美援朝医疗队模范工作者""天津市劳动模范""全国劳动模范""卫生部优秀共产党员"等称号，还荣获1988年度"爱因斯坦世界科学奖"，担任过第五、六、七、八届全国政协委员，国务院学位委员会学科评议组成员。从医几十年来，尚天裕兢兢业业地站在医疗第一线，有人开玩笑称他"老住院""铁主任"。他平易近人，谦虚诚恳，从不居功自傲，凡登门拜访或写信求教者，有求必应。对待病人，他不看身份、职业，"普同一等，皆为至亲之想"，治疗上都尽心尽力，一丝不苟。

1998年，为了使中医骨伤科走向世界，81岁高龄的尚天裕倡导并创建了"世界中医骨伤科联合会"，他被24个国家和地区的同行推举为联合会主席，之后该联合会成功举办了四届国际学术交流大会。2002年7月17日16时20分，尚天裕因病在北京逝世，享年85岁。尚天裕的一生既是为我国中西医结合骨伤科学事业的发展艰苦奋斗的一生，也是为解除患者病痛不懈努力的一生，他在中西医结合治疗骨折上建立了一个体系，创立了一种学术思想，这不仅有益于当代，也是一项造福千秋万代的事业。

血吸虫病防治及钉螺研究的泰斗
——李赋京

□秦 风

笔者是南方人,目前在西安工作,在查阅西北联大医学院相关资料时,注意到了一位防治血吸虫病的教授——李赋京。作为一个南方人,笔者对血吸虫病颇有些感触,幼年时曾有长辈死于血吸虫病,而笔者本人高中时候曾吃过治虫药,两个月不能做剧烈运动,而且会使人发胖。正因为有过这个经历,所以笔者对李赋京教授产生了兴趣,通过进一步了解,发现他的一生也算得上是波澜壮阔,值得一记。

一

李赋京是陕西省蒲城县人,生于1900年9月。李氏家族名人辈出,被誉为"三秦第一家",很值得一说。李赋京的祖父李桐轩是关中大儒,创办了陕西易俗社。李桐轩是爱国知识分子,早年加入了同盟会,追随孙中山,力图推翻帝制建立民主共和。他有三子名约祉、仪祉、知祉,另有一女文祉。子女均有建树,尤其是次子李仪祉,是著名的水利专家,也是对李赋京产生了深远影响的一个人,李仪祉总体规划了陕西的灌溉水网,惠及千万百姓,被誉为近代"水圣"。

李赋京是李约祉长子,到了他这一代,李氏家族依然保持着良好

李赋京

的家庭教育。清末国家衰败，爱国知识分子迫切希望改变中国的苦难命运。李赋京年幼时在村里私塾读书，其父在西安兴办教育，所以祖父李桐轩担负起了教育李赋京的责任。在这过程中，叔父李仪祉对他的人生道路产生了巨大影响。李仪祉曾留学德国，对西方先进科学和思想深有体会，更知道旧中国的落后之处，从小就教育李赋京要有科学救国之理想，并为李赋京和其弟李赋都规划了人生道路——李赋京学医，李赋都攻水利，希望他们学成归国后，可以在各行各业倾其所学，报效国家。

李赋京在私塾学习了三年后，又去了西安的省立师范附小读书，1916年进入"上海同济德文医工学堂"，为出国留学做准备。这个医工学堂是如今同济大学的前身，学校主体建筑仍在，在上海理工大学校区内。1920年，李赋京从医工学堂毕业，熟练地掌握了德语和医学基础知识。李仪祉倾其所有，并向友人借款，最终将李赋京送上了开往欧洲的轮船。

位于上海理工大学校区内的上海同济德文医工学堂

1923年10月，朱德与部分中国留德学生合影（前排右四为朱德、前排右三为李赋京）

1920年4月，李赋京到了德国的哥廷根。哥廷根是德国学术之都，也是德国四座大学城之一，有40多个诺贝尔奖获得者在这里工作、生活过。李赋京求学的哥廷根大学更是历史悠久，该校于1737年开始办学，到李赋京留学时候已经有近200年的历史，至今仍是世界级名校。在这段求学岁月里，李赋京和叔父李仪祉保持着通信联系，讲自己的学习、游历，也通过家信了解国内局势。国内局势令人担忧，李赋京在德国的生活条件也不舒适。德国在一战中惨败，正处于经济困难时期，加上中国国内战乱频繁，家中汇款难以按时到达，基本生活常常没有保障。李赋京生于环境艰苦的黄土高原，对此并不在乎，甚至还省吃俭用买下了显微镜。确实很有西北人的坚强和豪气。

出国之前，父亲李约祉对他提出过要求：一不能娶洋太太；二要拿到博士学位；三是学成要归国。所以李赋京在哥廷根大学专心学习六年毕业后，开始攻读博士学位，博士论文是《煤焦油与放射线相结合诱发小鼠皮肤癌的实验》，两年后顺利毕业，拿到了医学博士学位。

二

德国是马克思主义的诞生地，大批进步青年不远万里来到德国，希望能找到一条救国之路。李赋京在这里结识了留德学生共产党支部负责人高语罕以及郑太朴、孙炳文等进步人士，在他们的邀请下，经常参加一些共产主义小组的座谈会和学习会，和这些进步人士结下了深厚友谊。这些朋友中有一位日后驰骋南北，成为新中国的缔造者之一，这个人就是朱德。

朱德是1922年前后到德国的，抱着救国之心来到哥廷根大学学习社会学。李赋京认识朱德后，两人常有来往，李赋京德语较好，因此常常帮朱德补习德语。1925年，中国国内爆发了五卅运动，朱德组织了哥廷根大学的中国留学生举行大游行，接着又召开反帝晚会声援国内。警察得知消息后,将在场的的中国留学生全部逮捕。

朱德等人被捕后,德国共产党积极活动,在机关报《红旗》上发表声明提出强烈抗议,当时执政的是社会民主党,该党迫于压力,将朱德等人释放,之后将这18人驱逐出境。

在中国留学生组织的这一系列救国宣传活动中,德国共产党向留学生们提供了巨大帮助。他们筹款为上海等地失业工人和失学学生进行捐助,举办公开演讲活动,号召德国民众和其他国家共产党对中国工、农、学生进行援助。德国共产党的表现给李赋京留下了深刻印象,他在给叔父李仪祉的信中对德国共产党人大加赞赏,称其"义气之盛,令人可羡,其做事之精神太令人佩服"。同时,他也提到了一些"洋奴"留学生,这些人担心反帝运动会影响学业,导致拿不到博士毕业证,因此对爱国学生组成的救国团极为反对,还把救国团人员名单交给了德国军警,最终上百人被驱逐出境。这些告密者"尤令人可恨"!

朱德离开后,李赋京继续攻读医学,这段红色经历对他产生了深远的影响。新中国成立后,李赋京于1956年加入了共产党。他和老友朱德之后再没有相见过,但两人都保持着当年的爱国初心,一个成为了无产阶级革命家,参与缔造了新中国,另一个则为防治长江中下游的血吸虫病付出了毕生心力。

1928年春天,李赋京顺利拿到了医学博士学位,带着一些仪器和大批德文书籍,坐上了经西伯利亚回国的列车。他的手提箱里还藏着高语罕送给他的《共产主义 ABC》一书的封面——为了通过海关检查,只能带回封面留作纪念,这个封面后来被他珍藏了一生。

三

学成归国后,李赋京曾先后在东南医科大学、河南大学、国立西北医学院、陕西省立医学专科学校、国立同济大学,以及中南同济医学院等高校任教过,这里先简要介绍一下他在西北联大的故事。

七七事变后,李赋京到了汉中,在西北联大医学院任病理学教授。战时学生的教材十分缺乏,主要靠老师口授课程,再以教学挂图和板书为辅助,学生则在下边抓紧时间记笔记,这对教师的教学能力是很大的考验。李赋京讲课条理清楚,板书写得整整齐齐,而且他本人有着深厚的绘图功底,可以自己画教学用图,在河南大学任教时,他就画过不少。因为学校多次搬迁,很多挂图之类的教学资料都在忙乱中遗失了,这时候上课画的粉笔图就显得尤为重要。李赋京的粉笔图简洁、清楚,寥寥数笔很快完成,没有过硬的技术是做不到他这样的。更厉害的是,在教授人体脏器相关内容时,他甚至可以左右手同时画

哥廷根大学一角

出成对脏器,课堂上常常会响起一片惊叹之声,其技术之高超,让当年教过的学生几十年后回想起来,依然赞赏有加。

遗憾的是,李赋京后来因为手腕部肌腱割伤,很难继续在黑板上画图,所幸他的女婿韦加宁继承了他的衣钵,没有留下更大遗憾。韦加宁曾听过李赋京讲授组织胚胎学课程,很佩服李赋京的绘图技术,在李赋京的指导下,也开始学习绘图。韦加宁后来成为我国知名的手外科专家,他的《手外科手术图谱》一书中的插图也是他自己绘制的。

在陕西工作的这段时期,李赋京还曾主持过陕西省立医学专科学校的校务。陕西医专成立于1938年,是为培养医务人才、支持抗战而建立,是由陕西省立医院和陕西助产学校合并组建而来。李赋京于1940年9月到1942年10月任该校校长。这所学校和西北联大也有些关系。西北联大改组后,医学院分离出来成为国立西北医学院,1949年陕西医专和这个医学院合并,几经发展变成了今天的西安交通大学医学部。陕西医专培养的一部分学生参加过解放西北的战斗,有学生被追认为革命烈士。

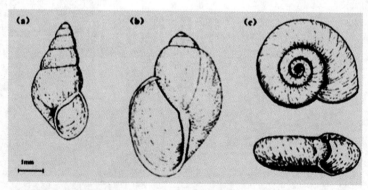

三种血吸虫的中间宿主——淡水螺类的形态学比较
(a)钉螺;(b)水泡螺;(c)双脐螺
注:图片来自中国疾病预防控制中心网站。

西安交通大学医学部（交大医学部是由国立西北医学院和陕西医学专科学校于1949年合并而来，李赋京在西北联大任教过，也担任过陕西医专的校长）

在西北联大任教时期，李赋京一直坚持着另外一项工作，那就是血吸虫病的相关研究，1939年，他还曾发表过一篇名为《日本血吸虫中间宿主》的论文。血吸虫病研究及防治是李赋京为之奋斗了几十年的事业，这件事情还要从他刚回国时说起。

四

1928年学成回国后，李赋京到了南京，在中央卫生署工作，同时还在东南医科大学教授病理学。1929年，李赋京来到了上海中央卫生实验所，在病理科担任主任。这时候卫生试验所的所长是陈方之，陈方之曾留学日本，在日本的时候开始研究血吸虫病，是中国最早进行相关研究的流行病学家。而试验所所在的上海当时是血吸虫病的重流行区之一，根据《上海卫生志》中的记载，因为患病人太多，不少村庄异常萧条，房屋倒塌，田园荒芜，有些村庄因患上血吸虫病而绝户的家庭甚至占全村总户数将近一半。陈方之委派李赋京调查了上海、浙江、江苏等地血吸虫病流行情况，两人联合发表了《血吸虫病在中国》和《血蛭病的研究》论文，初步估计浙江、江苏两省有近500万人染病。最后结合相关调查资料，得出长江中下游是该病主要分布区域的结论。

血吸虫病是一种由血吸虫引起的慢性寄生虫病。血吸虫有五种，中国流行的属于日本血吸虫，人感染后，常会腹痛、腹泻、便血，肝脏、脾脏肿大，腹腔积水，病人会非常痛苦。李赋京在德国学过病理学，对血吸虫病是有了解的，但亲眼看见成千上万劳苦大众饱受病魔困扰的凄惨景象，对这个北方长大的年轻医务工作者还是很强烈的一个冲击，他下定决心要展开血吸虫病的研究和防治工作。

日本血吸虫的生活史可分为虫卵、毛蚴、胞蚴、尾蚴、童虫及成虫等阶段。成虫以人体或其他哺乳动物为终宿主，自毛蚴至尾蚴的发育、繁殖阶段以钉螺为中间宿主。要防治血吸虫病，研究钉螺是必不可少的一项工作。在当时的中国，关于血吸虫病及钉螺的研究非常少，陈方之指导李赋京开始了调查研究工作。为了调查钉螺种类，了解其习性和分布情况，李赋京在教学之余（他这时在东南医科大学任教）跑遍了江苏、浙江、安徽、湖南、湖北一带，在沟渠沼泽地带寻找只有米粒大小的钉螺，搜集了大量标本，最后发表了《钉螺的解剖、生活习性和种的鉴别》《钉螺的卵及其发生过程》等论文。1936年，他还在安徽发现了一种新的钉螺，被国际上相关专家鉴定后命名为"安徽李氏钉螺"。

五

1948年，李赋京辞去了河南大学的工作来到了上海同济大学，担任了同济大学解剖学馆主任教授。国民党军队节节失利，大批知名人士纷纷前往台湾。1949年，解放军临近上海时，国民党多次给他做工作，希望他能前往台湾，李赋京没有答应，毅然地留在了上海。

1950年，新中国政府开始对全国高等院校院系和专业进行调整，当年2月，政府决定将同济大学医学院及其附属医院迁至武汉，和武汉大学医学院合并，成立一所新的医学院。武汉和上海相比，经济不够发达，生活条件自然也不如上海优越，所以当年4月20日华东教育部副部长唐守愚在同济大学宣布中央的这个决定后，教职员工中产生了很大震动。学校为此成立了一个迁校委员会，由一些学术地位和威望较高的教授组成，其中包括李赋京。这些人以大局为重，带头放弃了上海优越的生活，耐心对教职员工进行思想工作，并于5月份到武汉考察了十来天，勘察了作为新校址的汉口跑马场，最终使医学院顺利搬迁，和武汉大学合并组成了"中南同济医学院"，即现在的华

华中科技大学

中科技大学同济医学院前身。

1957年反右运动中，李赋京受到了冲击。当时有人揭发一个教授们参与的"五人会议"，其中包括李赋京，实际上李赋京并未参加。李赋京当时是预备党员，身份比较特殊，他的申明遭到粗暴批判。李赋京性子比较烈，不愿受辱，在研究室里割断了手腕，所幸被保姆发现，抢救了过来。因为这件事，李赋京被定为"极右分子"，说他以自杀要挟党，于1958年被下放到湖北汉川县接受劳动改造。李赋京没有终止他持续了将近30年的钉螺研究，在汉川县进行了大量调查，留下了关于当地钉螺分布和病患情况的宝贵资料。

1961年，李赋京被摘掉了右派帽子，终于重新开始了他热爱的医学教育事业，他在医学院的德语医学班为学生讲授《组织学》课程，还在不久后参加了一系列血吸虫病防治研究会议，其中包括由时任副总理的聂荣臻主持的全国血防工作大会。之后他带领着年轻人在湖北一带开展血防、灭螺工作，直到数年后因为"文革"才不得不回校。

1982年，李赋京突发心肌梗死，入院治疗后身体日渐衰弱，长期卧床不起，于1988年9月29日去世。去世前几年，湖北省和医学院相关领导探望了李赋京，将关于为李赋京彻底平反的文件交给了他，李赋京恢复了共产党党籍和一级教授职称，清清白白走完了一生。

六

新中国成立后，血吸虫病得到了国家重视，李赋京这时已经发表了十几篇和血吸虫病以及钉螺相关的学术论著，卫生部门根据血吸虫病的流行特点制订了一系列防治规划。病害区开始了大范围的灭螺工作，同时，在粪便处理及用水安全等方面加强了管理，钉螺和血吸虫病分布面积逐渐较少，经过半个多世纪的努力，中国12个省（市、自治区）病害区内感染人数已从20世纪50年代的1000万人降至100万以下。笔者的家乡现在很少听到有人感染血吸虫病，血吸虫病已不再是致死的恶疾。

李赋京是我国血吸虫病研究方面的泰斗级人物，主要在于四个方面：①他是最早进行血吸虫病研究的人物之一；②他是我国血吸虫中间寄主钉螺的研究先驱；③他在多个血吸虫病重灾区进行过调查，掌握了宝贵的第一手资料，为日后中国开展灭螺工作打下了基础；④他培养了大批年轻人进行血防和灭螺研究。

除了在研究血吸虫病和钉螺方面取得了巨大成就，李赋京还是我国著名的解剖学家和组织胚胎学家。他在河南大学和同济医学院，以及陕西医专都曾教过解剖学，1955年曾当选过湖北省解剖学会理事长。《大众医学》杂志创刊时，第一篇文章就是由他撰写的《人体巡礼》，主要讲解人体解剖基础知识，之后又刊登了多篇文章，配图也是他自己画的。

组织学与胚胎学是人体解剖学的一个分支，20世纪50年代前基本上是和人体解剖学合成一门课程进行教学，中南同济医学院20世纪50年代建立后，李赋京在该校主持组建了组织学与胚胎学教研组，开始将组织学与胚胎学独立出来进行教学。发展至今，这门课程已经成为华中科技大学的精品课程，还曾被评为湖北省优质课程和重点学科。

七

李赋京和妻子黄诗蕴相识于出国留学前，留学期间两人鸿雁传书，感情非常稳定。学成归国后，李赋京迎娶了黄诗蕴女士，组建了家庭。两人育有三子两女，长子李昆毕业于北京医科大学，先后在中国医学科学院、中国协和医科大学工作；次子李昂毕业于北京石油学院，现为解放军总后勤部油料研究所总工程师；三子李昊毕业于同济医科大学，现在同济医科大学外事处工作；长女李曼华，毕业于华中师范大学（已故）；小女李景华，毕业于同济医科大学，在北京积水潭医院工作。李赋京儿孙众多，其中13人获高级技术职称。

从抗战军医到医学权威
——陈向志

一

陈向志(1912—1993),男,汉族,生于 1912 年,河北丰润人,1934 年至 1937 年在北平大学医学院上学,1939 年至 1940 年在西北医学院上学,毕业后,先后在重庆宽仁医院、桂林省立医院、湖南省立医院、衡阳市医院、重庆中央医院、天津中央医院、天津市立医院、青岛市医院工作,曾任外科主任。于 1950 年 5 月调入西北医学院附属医院,担任心外科主任。

陈向志

二

1912年，陈向志出生在河北的一个贫苦农民家庭。外强侵略、军阀混战、国破家亡、社会动荡不安，人们的生活颠沛流离。苦难深重的环境使得他从小就有了一颗报国自强的心。

16岁，陈向志初中毕业后，积极参加学生抗日救亡运动，到农村宣传抗租减息，但不幸被奉系军阀的反动军警抓入了监狱，后在进步人士的搭救下才幸免于难。三年后，陈向志考取了北洋大学医学院（即北京大学医学院），走上了医学之路。

七七事变后，陈向志所在的北洋大学医学院西迁来到了陕西，成立了当时的西北大学医学院，也就是现在的西安交通大学医学部。1940年，陈向志作为第一届毕业的学生，被分配到重庆中央医院（原南京国民政府医院），成了一名外科医生。在那里，他精钻专业技术，成为全国盛名的医学大家吴英恺的得力助手。当时，日本帝国主义在亚洲的疯狂侵略已对中国形成包围之势，国民政府为了能将美国援助的抗战物资运入境内，要在云南和缅甸之间修一条公路，就是著名的滇缅公路。这里是方圆几百里的无人区，都是人类从未涉足的原始热带丛林，日军同时又在狂轰滥炸，面对如此艰苦的修路环境，国民党军意在重庆中央医院征询随队的外科医生，以便随时救治在滇缅边境修路中受伤的官兵。当时，吴英恺是外科主任，他召集了自己的三个得意门生（其中包括陈向志），希望有人能够勇担此任。这时，陈向志第一个站出来说："我单身一人，父母在老家尚有兄弟照料，我去！"于是，陈向志到了前线，当了军医，并担任医疗队的队长。很多年以后，陈向志回忆起这段经历还后怕地说："那里丛林最可怕的不是蚊虫、炎热和瘟疫，而是食人的巨蟒。一人粗的巨蟒，如果士兵来不及射杀，就会连人带枪给吞进去。"从滇缅公路回来后，重庆

1963年，陈向志主任（左三）应兰州军区总院、宁夏医学院心脏外科邀请，带队出发前在火车站留影

中央医院也在抗战胜利后回迁。陈向志随医院回到了天津，新中国成立后又被聘请到青岛人民医院，任外科室主任。

在青岛时，因为西北医学院要建立附属医院，时任校长的侯宗濂非常赏识陈向志，觉得他无论人品还是才学，都无人能及，而各科室的开创建设都需要陈向志这样的精英人才，于是就找到了他，陈向志也答应了老师的邀请，再次来到了大西北，挑头负责起西北医学院附属医院心胸外科的建设工作。陈向志注重先进技术和设备的引进，重视人才的培养，一方面经常派科室人员到上海、北京学习，另一方面也不断提高自己的业务水平，陈向志带领着科室人员进行了两年的动物实验，终于在1960年成功完成了低温麻醉的心脏室间隔缺损修补手术，成为继北京、上海之后全国第三家完成此项手术的单位，并以此成果迎来了全国第一届心血管学会在西安的召开。随后，陈向志又和同志们相继完成了多项攻关难题，轰动了国内医学界。1962年，全国英雄劳模大会在北京召开，陈向志作为陕西省的代表，受到了毛主席的亲切接见。

三

陈向志注重细节。

他倡导严格施行三级医师查房制度。每次查房，他都要仔细询问医生，并给下级医生讲课，而他身旁也总跟着一位端着装有消毒物品托盘的护士，因为他每查完一位患者，都要用酒精仔细地擦手后才去查下一位患者，以免发生交叉感染。面对荣誉和权力，陈向志不管政、不争权，也不喜欢在领导面前多说一句表现自己的话。平时走路，也常常高昂着头，见了人点个头就匆匆而过，不多说一句闲话。他干得最多的就是带领自己的团队，前往各地去看病、做手术。陕西省人民医院、西安市中心医院、西安市第四医院都是陈向志常去会诊和查房的地方；宁夏、兰州的一些大医院和军队医院也都有他和同事们的足迹，这在当时陕西省甚至西北的医疗界影响颇深。

四

"文革"爆发后，陈向志也难逃"厄运"，被扣上了"反动学术权威""只专不红，白旗一杆"的帽子，被停职、住牛棚，每天打扫卫生、清理厕所，进行劳动改造。为了让昔日的同事和患者都能看到并监督他的劳改工作，特命令他打扫现在交大一附院正门里住院大楼前和喷泉这一片区域，尽管如此，他依然衣衫整洁，衬衣总是整整齐齐，呢子大衣虽已洗得破了边，但依然熨得笔挺。他的身体因批斗打

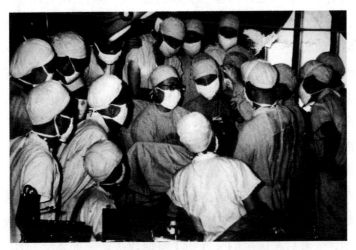

1977年针刺麻醉下心脏手术（图片正中为陈向志）

陈向志教授在孜孜不倦地查阅文献

击而疾病缠身，但他打扫起卫生来仍是一丝不苟，没有丝毫的窘迫和颓唐。他身在"牛棚"，心却系在科室的工作上，当同事们遇到专业难题时，他仍一丝不苟地进行解答；当医院手术台上遇到重大或棘手问题时，他便扔了扫帚，洗手换衣后上手术台解决问题，下了手术台后继续干他清洁工的"本职"工作，就这样干了七年。令人欣慰的是，在这最困难的七年日子里，他的妻子吴文瑾对他不离不弃，顶着重重的压力，守护在他身边，给他精神鼓舞，与他相濡以沫。这份深情在熟识他的人们口中被传为佳话。

"文革"结束后，陈向志教授的历史问题被澄清昭雪，陈老终于又重新回到了手术台边。恢复工作后，深觉时间不够的他不改当年那股干劲，带着后辈医生们又开始了科研攻关、疑难会诊、学术交流。此时的陈向志，更加注重人才培养，他耐心、和善地指导着他的每一个学生、助手、同事，在业务上严格要求他们，对存在的失误则给予悉心的指导，责任常常由自己来承担。

1981 年，70 岁高龄的陈向志得到了组织的批准，成了一名光荣的共产党员。

五

陈向志教授严肃、内敛，笑容很少，话也不多，走起路来昂首阔步的样子，让人觉得有些知识分子的清高。但实则不然，陈向志是一位没有"架子"的学者，他和当时医院的许多司机、炊事员、清洁工都是至交的好朋友。他一直拿着"高薪"，别人月薪五六十元的时候，他拿 200 多元，但他生活十分俭朴，家中没什么值钱的摆设，他自己也就那么几件衣服，衣边因磨损常常是破的，但总是洗得干干净净。

陈老担任医院大外科主任，又是医学界的权威、著名教授，但他的四个孩子没有一个受到特殊照顾，该下放的下放，该下岗的下岗，然后都是自谋职业。他不把四个孩子中的任何一个安排进医院工作，是因为他从不托人情、找关系，也从不向组织提要求。

陈教授没什么嗜好，比如，抽烟喝酒，他喜欢的是安静读自己的专业书，然后闭门不出，细细钻研。要说陈老此生最惦念着的，还是科室的工作。

20世纪90年代，在陈教授卧病的最后岁月里，他想着的还是科室和医院的建设。有一次，他的学生，也是一位满头白发的老人，用轮椅推着他出去散步，陈老嘴里一直呢喃着住院大楼何时建设，期待着医院未来的发展……

1993年，陈老离开了。从不幸的低谷一步步走到医学的巅峰，陈老始终刚正不阿、执着奋斗，他的一生是怀着理想信念执着奋斗的一生，他的一生也是中国老一辈知识分子的典型写照。

（本文由西安交通大学第一附属医院宣传部供稿）

"奇严怪实"的医学泰斗
——记我国神经外科的创始人戈治理

一

戈治理

戈治理（1919—2012），男，汉族，河北人，中共党员，主任医师、教授。1946年毕业于西北大学医学院，1946年至1949年，在中央大学医学院任教，随后进入国立西北大学医学院附属医院外科工作，曾担任神经精神病学教研室主任、神经外科主任、省政协委员，以及省神经外科学会主任委员、中华神经外科杂志第一届编委。

二

戈老的一生用奇、严、怪、实来形容,最恰当不过。

说他奇,原因有三:一奇在于戈老用自己精湛的医术创造了无数个生命奇迹;二奇是因为他的点子奇,手术工具匮乏的年代,戈老用废旧的钢锅做成脑压板,用筷子、皮筋制成肠钳;三奇则是戈老与患者之间关系奇。

戈治理从医,敢于开创未知领域。他觉得,要做就要做别人没有做过的,人家都做过了还有什么意思。20世纪50年代,戈治理率先开展脑部肿瘤的临床研究,独创立体定向技术,治愈了很多帕金森患者;20世纪60年代,戈治理勇闯生命禁区,在医疗情况非常简陋的

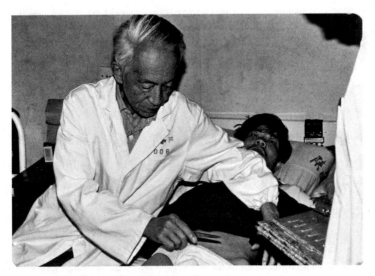

戈老亲自为疑难病例进行细致的检查

情况下，成功进行了两例脑干肿瘤手术，打破了当时"脑干是手术禁区，脑干肿瘤是不治之症"的传言，轰动了国内医学界。当然他的大胆尝试，也基于他扎实精湛的医术。1962年，一附院收治一名怀有五个月身孕的重症妇女，需要切除脾、胆囊和十二指肠，而当时国内还从来没有开展过一例这样的手术，手术难度之高、风险之大，是可想而知的。戈治理仔细研究患者病历，查阅相关的书籍，制订了详细周密的手术方案，最终凭借娴熟的解剖技术和丰富的临床经验，成功地实施了西北首例三脏切除术，挽救了患者。

戈治理奇点子也多，他在陕北医教队下乡时，有一名患者因为腹部剧烈疼痛前来就诊，经诊断，该患者患的是急性肠梗阻，需要赶紧做手术切除病灶，稍有延迟就会有生命危险。当地的医生对戈治理说："我们地段医院没有肠钳，手术根本没有办法展开，还是赶紧把患者转到县医院吧！"听到此话，戈治理当机立断地说："送到县医院，几十里路下来，患者就没命了！我这里有肠钳，半个小时你们过来取！"，大家既焦急又疑惑地等待戈治理的肠钳，没一会儿，戈治理就拿来了肠钳——是用自己吃饭用的筷子和皮筋做成的简易肠钳，医生们就是用这根简易肠钳救了患者的命。

戈老不仅医术精湛，奇点子颇多，而且对患者也总是尽心竭力，就是因此，还出了一段"父子情"。虎娃是宝鸡一个土生土长的农民，他和戈老的故事需要从30年前的一场手术说起：那时，17岁的虎娃在修建宝鸡峡水库时被炸山的石头砸伤头部，造成开放性的颅外伤，生命危在旦夕。幸运的是，虎娃碰到了戈治理，戈老凭借着高超的医术，不仅将他从死亡线上拉了回来，而且还治好了他的癫痫后遗症。从此，虎娃就成了戈治理的干儿子。如今，虎娃也已是一位老人了，但每年春节，他都会去西安看望他的"戈爸爸"，而这段医患情则早已变成了父子情。

三

说他严，主要是对己严谨，对己严格。

在学生和同事眼中，戈教授工作非常严谨。开颅手术被称作是"在万丈深渊上走钢丝"，因为人脑里血管密集，神经纤维比头发丝儿还细，"线路"非常复杂，每一个细微的动作都可能关系到患者的生存死亡，而戈治理作为行走在刀尖上的"舞者"，他对自己的要求非常严苛，就连手术缝合中的每一针都必须做得十分到位。在他看来，"作为一名外科医生，手术台上不能马虎，可能稍微的一个马虎就会给患者带来终身的痛苦，甚至会葬送患者的生命"。秉持着这样严于律己的态度，他做过的每一例手术都非常干净细致，而这种对生命敬畏、对患者负责的严谨态度，也深深影响到了他的学生和同事们。

据他的一位弟子回忆："每次交班，戈教授总是第一个到，他认真查看医生们的病历记录，做得不好、不详细，都会明确指出，严厉批评。不仅如此，戈老还经常检查年轻医生的手术记录，错误少，他就给直接改了，如果错误多，他就会亲自写一份手术记录模板，让年轻医生们自己找出问题所在。"他对待科室工作，也一样要求严格。戈治理每日查房坚持数十载不变，查房时医务人员队伍的排列顺序有明确的要求，谁在前谁在后，谁讲话谁补充，都是一板一眼，规规矩矩。主治医生和住院医生关于患者的基本信息必须掌握得准确无误，一旦汇报有误，或者准备不充分，戈老就会严厉批评指正。他对不能完成要求的学生和下属毫不留情，但对待患者却如同至亲。

作为西安交大一附院神经外科的学科带头人，戈治理非常重视对年轻接班人的培养，他毫无保留地将自己多年丰富的经验传授给年轻医生，想办法让枯燥的知识变得好记。比如，他将书本上那些只能靠死记硬背才能记住的颅神经传导路用线串联起来一人多高的模型图

在 20 世纪 70 年代，无论条件多么艰苦，戈老都一丝不苟地为学生上课

片，方便了大家的记忆；再如，十二对脑颅神经的背诵也相当枯燥乏味，戈老则将其编成了一段朗朗上口的顺口溜："一嗅二视三动眼，四滑五叉六外展，七面八听九舌咽，迷副舌下神经全。"使大家伙儿的学习省了不少心力。

  对年轻医生或学生的培养，戈治理要求严格。在医疗技术层面，要求他们必须将解剖学知识铭记于心，因为戈治理认为："一个外科医生连解剖都搞不清楚的话，一辈子就只能是个糊涂大夫。"医德建设上，戈老的要求是把患者放在第一位，他常告诫大家："你把患者的事情没有处理好，你就不能休息；作为医生，你不死就要为患者服务。"这句质朴有力的话语，是戈治理行医的准则，戈老也确实身体力行地如此践行着，身为医者，他身上所具有的博大情怀，则是现在所有医务人员必须学习的东西。

四

　　同事们眼里，戈治理还是一个"怪"人儿。

　　首先，他是个十足的"工作狂"。为了抢救患者，年过半百的他可以一连好几个小时站在手术台上，精神的高度集中使戈主任忘记了疲劳和饥饿，一心只想着救活患者。时至今日，有件小事让手术室的护士仍然难忘：一场长达几个小时的手术终于结束，看到疲乏的戈主任，护士赶紧递上饼干，好让他补充一点体力。只见戈主任狼吞虎咽地吃了起来。护士马上提醒道："戈主任，您还没有洗手呢"，谁知戈主任镇静地说："人血是干净的。"

　　其次，戈老脾气"暴"。记得有一次，戈主任准备做手术，由于该手术属于深度手术，任何一点细微的疏忽都将造成致命的错误，为此他特意交代麻醉科对患者进行全麻。年轻医生说："患者好好的，有必要进行全麻嘛？"，戈主任听后，立刻火冒三丈，说："你是不会，还是嫌麻烦！"他严厉地批评了年轻医生，并质问他的主管领导："不给年轻人教全麻技术，你是干什么吃的！"实际情况是，由于医疗条件差，手术中更多地使用针刺局部麻醉，全麻并不常用，医生操作的熟练程度也就相应较弱，戈主任了解到这一情况后，立刻向年轻医生道歉："我刚才那样发火不对，请你不要在意。"说到底，戈主任的"暴脾气"也全都是因为他真正把患者的安危放在了心上。

　　最后，戈主任不情愿涨工资。这听来有些怪，也不禁会让人疑惑，涨工资不正是大家希望的事儿嘛，可戈主任不是如此。领导要给他涨工资，他就跑到领导办公室，主动要求把名额让给其他有需要的同志；要给他发上门诊津贴，他把送津贴的人拒之门外；他还把给他发的课时费换成副食券发给科室的同事；每年春节，年过花甲的戈主任都会主动要求值班。针对这种种"怪行"，戈主任有自己的解释：

"我的工资够高了，不用给我涨，应该给那些有需要的人。"

"我退休没事上门诊，年轻医生没见过的病，我给他指点下，他以后就能治了，这样患者得到了治疗，年轻人也学到了东西，我还得到了快乐，凭啥还给我钱？"

"我喜欢给学生上课，而且我的工资已经很高了，科室的同志都很辛苦，给他们买点儿东西吧。"

"春节是一家团聚的日子，你们都回家吧，我来值班。"

戈老是淡泊名利的，他更多的是对晚辈深深的关怀，是对医学事业的无限热爱，也正是这种态度，让戈老能一心扑在工作上，一心放在患者上，最终成就了他精湛的医术和高尚的医德。

五

戈老为人实在，低调，不喜宣扬。

戈治理一生屡获殊荣，他曾是山西成城中学地下抗日决死队的队长，为革命转战华北、西北，大小数十战役，战功赫赫；他是中国医学界泰斗，我国神经外科的创始人和奠基人；他突破了脑干肿瘤手术的禁区，成为新中国首位完成第三脑室、第四脑室切除术的医生；同时，他爱好艺术，长安画派创始人赵望云、黄胄为其家族至交，他们共同切磋国画技艺；此外，戈老还精通阮、琴、箫等传统乐器，但一附院里，戈老的故事并不多，当然并不是大家不想知道，而是熟悉戈老的人都知道他很谦逊、很低调，对于名誉、成就什么的从不宣扬，很多采访者都吃了戈老的闭门羹。他觉得他做的一切，都是作为一名医生应该做的，没有什么值得宣扬的。而讲起他的实在，就不得不提起一件事情。戈治理是陕西省六届政协委员，"两会"举办期间，又恰逢植树节前后，会后委员们被组织在新修的朱雀路、子午路连接段植树，这时有两位电视台的记者过来采访戈主任。为了达到更好的采

"奇严怪实"的医学泰斗——记我国神经外科的创始人戈治理

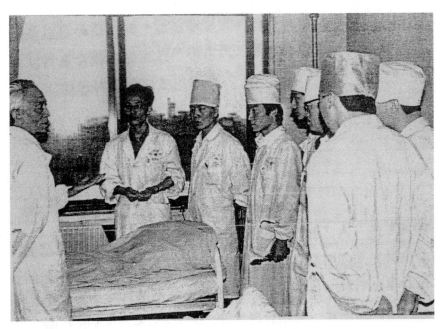

戈老带领科室医生大查房

访效果,他们给戈主任提前设置好了问题和答案,要求戈主任照着稿子说。戈主任当时不动声色,在正式采访时却没有按照记者指定的回答。采访结束后,戈主任找到两位记者并告诉他们:"报道要实实在在,弄虚作假怎么能行?"

六

戈老除了齐、严、怪、实之外,也很幽默,是个"乐"天派,而且还总是苦中寻乐。

虽然平日里戈老总是一副不苟言笑的模样,可他骨子里还是有一股幽默劲儿在的。在政治学习后的讨论中,戈老经常是一边说、一边演。记得有次说到西安的空气污染,他便模仿起了街上卖醪糟的师傅，只见他前腿弓、后腿蹬，嘴里噗噗吹着气，一手演拉风箱，一手示范给炉子加炭，惟妙惟肖的表演逗得大家捧腹大笑。

在被下岗参加劳改的日子里，他负责修剪路旁的冬青。对此，戈老没有抱怨，反而以苦为乐。他把挥动花工大剪刀修剪杂乱枝丫看作是开颅手术前减掉患者凌乱的头发，对每一株冬青都修剪得很是认真，毫不含糊。这样一段两臂分别持剪、用力将冬青一举成型的力气活儿经历，也成了戈老锻炼臂力和准确性的术前准备训练。

戈老亦很开明。他教导子女的唯一要求是："要做一个朴实的人。"1968年，在毛泽东"知识青年到农村去"的号召下，戈老21岁的儿子也加入了上山下乡的大潮，而他选择去的地方是宝鸡坪头乡一个叫码头村的贫瘠村庄。对于儿子的这一选择，戈老只有一句话："你考虑好，一旦选择了这条路，就要走下去！"不仅如此，戈老还和老伴多次到坪头山区为那里的村民治病，从行动上支持儿子的事业。

在女儿的记忆当中，戈老是一个"对患者比对自己好"的父亲。自她记事起，父亲的家似乎就安在了医院，从来不分上下班，经常是饭吃到一半，接到通知放下筷子就去救治患者，半夜赶到手术室处理急诊患者也是常事。他对待患者如同亲人一样，常常亲自陪床监护危重患者，为患者做饭打水。

七

2012年12月18日，戈老走了。他的讣告上清楚地写着："遵照本人生前意愿，丧事一切从简，不设灵堂、不收花圈、礼金，不留骨灰。"

（本文由西安交通大学第一附属医院宣传部供稿）

忠于职守的老教授
——杨鼎颐

一 个人简介

杨鼎颐，男，生于1923年，汉族，上海市崇明县人，中共党员，我国著名的心血管疾病专家，西安交大医学院第一附属医院心血管内科奠基人。1949年毕业于国立西北大学医学院，同年进入西北医学院附属医院工作。1960—1962年，赴前苏联莫斯科第一医院心血管专科学习。曾任内科教研室主任、心内科主任、西安医学院副院长、中华医学会心血管学会常委、中华医学会心血管陕西分会主任委员。

二 论医术：术业专攻，深不可测

20世纪80年代，医疗设备的条件还很不好，超声二维图像质量很差，在实际诊断中是仅供参考的。当时对于一个疾病的诊断，比如要做心脏手术，是要有一部分导管检查的，但当时做得还不太多，主要依靠病史、体征、心电图及胸片来对疾病做出判断，加之手术所见

杨鼎颐

其符合率不比现在的符合率差，因而外科手术是要对诊断进行验证的，如果严重误诊则无法交代。譬如瓣膜病，现在诊断很容易，无论漏斗型、隔膜型还是隔膜漏斗型，当时就凭借听诊器诊断，诊断不同，手术选择方式就不一样，隔膜型是闭式分离，隔膜漏斗型是直视分离，如果是漏斗型可能就要换瓣。杨老师的每次诊断与外科手术中的结果都是基本一致，符合率非常高，这靠的都是杨老师扎实的听诊器实用技术和经验。

在全国的心内科医生中，杨鼎颐的听诊器水平是数一数二的。当时，一附院刚刚引进了第一台 M 超后，心内科与心外科联合治疗一个室缺患者，杨老师用听诊器判断出的室缺缺口的大小与检测人员给出 M 超探测的大小值有很大出入。这不是一个小问题，因为数值的大小决定手术的补片大小，补片不同，材料和方法就都会不一样。杨老提出可能是 M 超操作时探头角度有问题，室缺的大小不可能像探测给出的数据那么小，可 M 超的工作人员觉得，仪器已经多次使用过了，不会出现问题。杨老坚持要做两手准备，大小缺口两种方案都要预备。当手术患者准备妥当，患者胸腔被打开后，缺口的大小与杨鼎颐用听诊器测定的室缺大小完全吻合，确实是 M 超使用时探头角度出现了问题。在之后的交班会上，当众人都对杨鼎颐的听诊器水平赞不绝口时，杨主任却严肃地说："新仪器一定要完全掌握，不能一知半解，操作不熟练的情况不能再出现，这样会误事的。"

杨老对医术的追求总是精益求精，退休后，并没有停滞不前，因为对网络的使用有一定的困难，他便订阅了很多专业期刊，通过阅读最新的科研论文来保证知识的更新，保证自己不落伍，能够站在学术的最前沿。

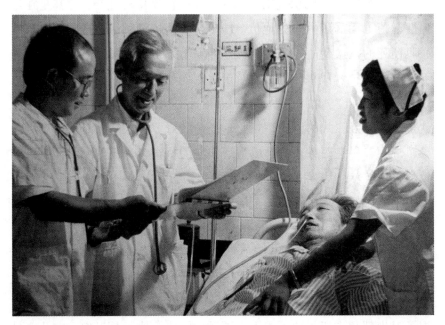

杨鼎颐检查患者术后的情况

三　搞研究：开疆拓土，一往无前

20世纪50年代初，杨鼎颐就努力提高心血管疾病的诊断水平，创导并形成了心内科、心外科密切配合的传统，大大提高了心脏病的治疗水平。1956年，杨鼎颐协助外科成功开展了二尖瓣交界分离术，开创了西北地区手术治疗风湿性心瓣膜病的先例。1958年，做低温麻醉心脏直视手术，那个阶段为了做心导管，都是在每个周六处理完所有的工作后，在设备十分简陋的条件下，在黑房子里，X光机也不好，没有血气分析，都是用手工一个一个地做，最后成功开展了国内为数不多的有心导管检查术。

自20世纪70年代初开始，国内多家医疗机构同时开展了心脏起搏器的研究工作，一附院也在其中，杨鼎颐与物理教研室合作研制了人工心脏起搏器并成功应用于临床，且一直保持着优势，尤其是在生理性起搏方面居国内领先地位。1978年，由杨鼎颐主持的100例急性心肌梗死的抢救使心梗患者的死亡率降到7%，为国内最低，被评为卫生部科学技术成果二等奖，对于这七例死亡病例，杨老也组织大家逐一分析、讨论、总结经验。当时，治疗心肌梗死根本没有好的办法，就是"人盯人"式的监护，对此，杨鼎颐对下级医生随时进行悉心指导，带领着科室医务人员，成为最核心的执行者。杨鼎颐工作是极细致的，多年来，关于科室方面每年的年初布置、年中检查、年末考核，每个细节，都亲临指导，甚至稿子，他都三番五次一字一句地指导修改。

1983年，杨鼎颐负责的陕西省高血压流行病学抽样调查，获得了陕西省卫生厅科技成果二等奖；1985年，他首先提出"心衰的选择性治疗"的新概念，并着手进行细胞及分子水平的实验及临床研究，承担了卫生部和省级科研项目5个课题；同年，他远赴汉中，在几个城区中成立农村心血管病研究基地,这期间"少年儿童高血压易患因素的识别与预防"的研究也成为"八五"重大科技攻关项目之一,取得了引人瞩目的成果,专家一致认为,该成果已进入国际先进行列。

四　干工作：功高不居，兢兢业业

杨鼎颐干工作不分昼夜,也无论假期,几乎每个双休日甚至节假日,病房里都能看到杨鼎颐的身影。他写病历,该有的字一个不少,不该有的也一个不多。心内科和心外科每周三共同查房已形成制度,几十年来雷打不动,而每周的查房工作,杨老从不缺席,一直坚持到87岁。

20世纪80年代之前,陕西省内各医院的心内科系统遇到了解决不了的难题总是求助于杨鼎颐,他承担了心内科绝大多数的急救和会

杨鼎颐带领大家进行疑难病例的讨论

1981年，杨鼎颐（二排左五）等与西安医学院第七期心血管病学习班学员合影留念

诊任务。心脏病多是夜间发作，杨鼎颐经常被半夜急促的敲门声叫醒。医院家属院传达室的工作人员回忆说："这几十年来，半夜电话叫急诊最多的，就是杨鼎颐。"由于会诊、急诊的任务量密度过大，杨鼎颐长期以来无法保证有规律的作息，睡眠质量很差，必须靠药物来维持睡眠。

1986—1987年，年过花甲的杨鼎颐为陕西农村心血管流行病的调查不停往返于西安和汉中地区，那时从西安到汉中需要12个小时，路途的遥远、汽车的颠簸使很多年轻人都叫苦不迭，根本无法休息，而杨鼎颐却一心只想着业务上的事，不叫苦、不喊累。无论出差开会或调研，他从不游山玩水，从不在异地逗留，工作结束就立即返回医院开始工作。

杨鼎颐也没什么架子，平易近人，随和。据一位和杨老共过事的同志回忆说："当时省上为了建立一个长期观察和群防群治农村基层网点，成立了第一次冠心病科研协作组，我当时和杨老一起做普查工

1988年，杨鼎颐（前排右三）与心脏起搏电生理新技术讲座会的人员合影留念

作,和他住一个房子,睡一盘炕上。早上一觉起来,他早已经到井上绞水去了,给协作组成员住的每个房子都打好了洗脸水。"国庆假期,外地同志无法回家,他就邀请大家到他家里去吃饭。杨鼎颐还非常重视团队协作精神,很会协调人事关系,能够把不同科室的同事们团结起来。心脏病的治疗在很多项目上都是内、外科协作配合,外科医生偏向于手术操作,可是患者适应证的选择及术后处理很多都要靠杨主任。一旦患者出现术后不平衡或是危重患者,只要杨鼎颐出现,大家心里就踏实了。心外科的大师陈向志主任每次手术前都要问一句:"杨主任到了没有?"在那个时候,心内、心外的配合是相当默契的。

五 教学生:言传身教、循循善诱

杨鼎颐带学生时,教学内容很明确,哪些要掌握,哪些要了解,杨老自己很清楚。他讲课时的板书,书写流畅、版面工整、语言生动,重点突出。同时,他以身作则,用自己的行动影响学生、教育学生。心内科早上 8 点钟开交班会,杨老总会提前 10 分钟到,有些年轻的医师来晚了就会脸红,会不好意思。

杨鼎颐对学生们的业务要求一向非常严格,既抓关键,也抓细节。有一次,一名年轻的医生在杨老反复强调病历写作后仍旧没有按要求完成,在全科总结会上,杨老让该学生当着众人的面将自己写的病历念出来,在严厉地进行批评后立即调离临床,并严肃指出,什么时候病历写好了,什么时候才能再回来。当时国内的医学研究界,想要做好心血管病的研究,就要到西安来,到西安医科大学来,全国各地同专业的有志青年都希望被这里录取,以求受到杨老的点拨。

杨老对年轻人提携帮助,选贤任能,不偏不倚。对下级医师,在政治上、业务上关心他们,同时又严格要求他们,他倡议并为年轻医师制订培养计划,创造条件让年轻人得到锻炼。有全国性或地方性学术活动,他把机会让给下级医师;申报科研项目,他让下级医师牵头;而发表论文,他总是把自己的名字划去或署在最后。他提供平台,让年轻人大量参与研究工作,多出国锻炼。科室中的年轻医生回忆说:"那段时间,他好似手把手地带,有事给你做支撑。他威望甚高,交班时无论是护士还是进修大夫,患者情况必须要在会上讲一下,讨论在科室内进行,讨论病历,大家群策群力,他要对每个人进行点评,有时候在会上还有学术争论,这样既对患者负责,也对年轻人有很高的锻炼价值。"

六 待患者:形同至亲,不离不弃

杨鼎颐行医60余载,从未收过患者一样礼,没拿过患者一分钱。他基础理论扎实,每次出诊都严格按步骤分析患者的症状、体征、诊断,不急不躁,最后再给出治疗方案。他对病理、生理的理解比专业的病理、生理老师还精细,退休以后,患者还络绎不绝地到他家里来找他看病,杨老从未拒绝过。每次接到患者的电话,他都以患者为主,替患者考虑,无论多累,也不管当时自己身体状况如何,家人总会听到他对电话那头说:"我都行,你看什么时间合适。"

由于长期工作量大,就诊患者数量过多,在工作日,杨鼎颐几乎没有时间吃饭,他口袋里总是带着一些饼干,饿了就吃些充饥。陕西省以前一大批领导干部,杨老亲自为其检查、诊断、治疗过,长期以来的保健工作让众多老干部对杨老表现出的是不住的赞赏、信任和依赖。其实杨老眼中,无论领导还是群众,他都一视同仁,把他们都当作自己的亲人看待。他一向极力反对把专家号的挂号费定高,他说:"人都是一样的,如果把我的挂号费定得过高,我就拒绝出诊。"

杨老珍藏了很多老照片,其中有一张他自己一直非常喜欢。那是20世纪80年代他在病房陪伴患者时的合影。照片中的患者刚刚结束

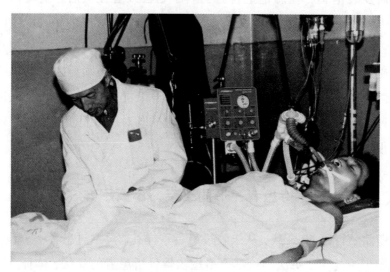

杨教授陪伴在患者身边

手术，平躺在床上，身体虚弱，清瘦的杨老就陪伴在他的床旁，拉着他的手，注意着他的术后情况。

杨老绝大多数时间都和患者在一起，好多个深夜，杨老都会在危重患者病房，有些年轻医生坚持不下来，他却依然精神饱满，专心致志。对危重病、疑难病患者，他会和大家一起抬着患者去拍 X 片或做其他各项检查，他监护术后患者，观察每一个细微的病情变化，这些现在看来医患之间不可想象的事情，全都是以前杨老的日常工作范畴。

杨鼎颐从 20 世纪 50 年代起就开始从事心血管病的医疗、教学、研究工作，他一贯廉洁、正直、睿智、严谨，从医 60 多年来尽心竭力，如今，西安交大一附院心血管内科成了陕西省心血管专业唯一的重点学科，是教育部"环境与疾病相关基因"重点实验室，也是西北地区规模最大、实力最雄厚的学科。杨老一手带大的"孩子",俨然已经茁壮参天。

七

2014年9月22日,杨老走了,但他的"孩子"会更好地"走下去"。

(本文由西安交通大学第一附属医院宣传部供稿)

学高为师　身正为范
——记我国著名肝胆外科专家刘绍诰教授

一

刘绍诰，男，生于1921年，汉族，山东莱阳人，中共党员，主任医师、教授。1948年毕业于国立西北大学医学院，同年进入西北医学院附属医院外科工作。曾任外科教研室主任、普外教研室主任、普外科主任，以及中华医学会第十九届理事、陕西省医学会普外科学会主任委员。

二

刘绍诰，身材高大，戴着一副墨框眼镜，举止稳重，为人恭谨谦和，说话永远是一口舒缓的胶东腔调。他讲课时全神贯注，语言风趣幽默。作为老师，他平易近人，贴近学生的生活；作为学科带头人，他也丝毫不失大师风范。

身为我国著名的外科专家、交大一附院肝胆外科的创始人，他对业务的精湛在行业内有口皆碑，他的手术一向以稳、准、轻、快著

刘绍诰

称。每次给患者做胆囊切除手术，时间都控制在两个小时之内，而且手术出血极少，洗纱布的盆内水仅是粉红色。

1961年，时任陕西省委第一书记的张德生同志在病因未查明的情况下从北京人民医院转至医学院，担任主治任务的刘绍诰经过开腹探查，很快就诊断为胆囊癌腹腔转移，并为他进行补救性手术。当时的"国家医院"没能查明的问题，被年轻的刘绍诰诊断清楚，他的专业能力得到了众多医学前辈及年轻同行的肯定和钦佩。

这项手术在刘绍诰的从医生涯中并非最高难度，真正使他名扬国内医学界的是20世纪80年代让多人重获新生的"无血切肝术"。1981年6月，刘绍诰为肝癌患者晋某实行首例常温下无血切肝手术获得成功，患者术后两个月痊愈出院，5个月后复查，肝功化验及其他检验全部正常，体重增加3斤，9个月后恢复原工作。从1981年6月至

1983年8月一年多的时间里,他连续为4名原发性肝癌患者顺利实施此项手术,无一例死亡。当年的很多专业报纸杂志都报道了这一消息,有媒体直接将这一手术赞誉为"肝癌患者的福音"。相关资料表明,常温下无血切肝是外科领域的一项突破,且无论是连续成功的数量还是结扎的时限,刘绍诰老师的手术都可称为西北地区的里程碑。

三

除了外科治疗经验的积累,刘绍诰还进行病理研究。

他所做的胆结石与胆囊癌的关系研究论文在我国第一届外科学术会议上就公开发布,之后被英文学术期刊发表,他所做的这方面的研究,为此后学生们的研究奠定了决定性基础。他还首先提出了要建立肝胆外科研究室,亲自写请示报告,组织筹办,事无巨细,在实验室建成之后,肝胆外科的临床基础研究才逐步建立起来。

刘绍诰教授指导研究生并与学生探讨学术问题

1985年，刘绍诰退居二线，但成立独立的肝胆外科一直是他的愿望，当时有人不理解，有诸多非议，但为了学科发展，他排除干扰，经过他的努力，党支部、党委同意后，计划成为现实，肝胆外科才有了长足发展的机会。

刘绍诰带领学生们在胆囊癌研究方面发表200多篇文章，其间曾获得省政府一等奖，同时，很多医学专业研究期刊都会刊登一附院肝胆外科的研究成果。1997年，一附院主办的中华医学会胆道外科学组全国会议，与会者近千人，是迄今为止肝胆外科最盛大的会议，也是在刘绍诰老师带领下取得的成果。如今，一附院的肝胆外科已经成为全国范围内有影响力、有号召力的临床外科，当然，这些与刘老的付出与努力都是分不开的。

四

"学高为师，身正为范"，刘绍诰无论是医术还是为人，都给学生们树立了"宽以待人、严以律己"的榜样。

他的一名学生在一次查房时面对的是一位76岁的胃癌患者，学生凭自己的判断认为，患者年龄太大，体质不佳，如果要进行手术则风险太大，就准备放弃手术治疗。刘绍诰老师听说这一情况后并没有大发雷霆，也没有直接批评对错。他只是轻声反问道：假如患者是你自己的母亲，你将如何决策？学生刹那间无言以对。这既是刘老师的"宽"，不急躁、不说教，只是用自身的行动把自己"敢于承担责任"的行医准则教给学生，让学生自己体味如何才能视患者如亲人。

"文革"期间，刘绍诰被扣上"反动学术权威"的帽子，被打入"牛棚"和劳改队，每日的工作只是打扫卫生。离开医疗岗位后的一天，有一位患者在手术过程中出现大出血，"造反派"不得不让刘绍诰来处理紧急情况。他得知消息就立刻赶往手术室救人。当他止住出

刘绍诒教授主持全科疑难病例讨论

刘绍诒教授在义诊

血,让患者成功脱险后,又被"造反派"们呵斥着赶回去扫地,他一声不吭,随即又拿起了扫把,默默地继续自己的"本职工作"。刘绍诰老师不论身处逆境或顺境,都一直热心于他的治疗、教学和研究,遇到困难,不争执,不浮躁,表现的是积极和乐观,是宽以处世的豁达。

还有一次,也是在"文革"期间,刘绍诰的另一位学生在诊治一位肝脓肿患者时犯了难,于是请刘老师来指导手术。他分析情况后,向学生建议采用局麻,可学生却自作主张,做了全麻。学生并未意识到,在整个过程中,刘老师一直不动声色地站在他身后观看。当患者脱离危险后,刘老师就悄然离开了。身边的人告诉学生,老师曾来过,这位学生赶忙追出去,向老师解释患者的病情严重,自己有"害怕出问题"的想法。刘老师依然是用温和的语调说:"病重,应该做局麻小切口。"

五

刘绍诰老师还十分"宽以授教",他在教学中永远是倾囊相授,打心底里希望学生都能够超过自己,他说:"学生没有不好的,也没有学生或说自己的老师不好,学生都超过我是最好。"刘教授爱才如命。星期天,他总会赶在学生前面查房,为的是能够及时发现并纠正问题,很多时候,他都亲自帮助学生修改病例和住院记录。在科室里,刘老就像家长一样,对学生爱如子女。学生们的日常琐事他都要过问,对每个学生和下属的照顾,可谓是面面俱到。在困难时期,他亲自操办过几对学生的婚礼并担任主持。虽然婚礼的仪式很简单,但刘老师既出钱又出力,一个人担起了双方父母四个人的责任,帮助新人们营造出了新家的氛围。和学生们一起出差时,有的学生肠胃不好,他就把从家里给自己带来的饭拿给学生吃,还不许学生推辞。当学生要出国访问时,他害怕优秀的人才滞留国外,但又不好武断命令爱徒归来，便在信件中婉转地表达此意："您好！从内心里真的想您，巴不得您明天就能回来……"就这样，刘绍诰是学生们的慈父，也是学生们的益友，他用至诚之心对待每一个人。

所以，在所有肝胆外科医务工作者的心中，总有一个戴着黑框眼镜，和蔼的老先生站在那里，用浓厚的胶东口音说："作为一名医生，不能逃避问题，一定要敢于承担责任，对患者负责，就是对自己负责。"

（本文由西安交通大学第一附属医院宣传部供稿）

大骨节病的克星
——记我国著名骨科专家殷培璞教授

□陈 锐

一

殷培璞（1924—2004），男，汉族，陕西汉中人，1949年毕业于国立西北大学医学院，同年进入西北医学院附属医院外科工作。曾任西安医学院第一附属医院矫形教研室主任、外科副主任、骨科主任，

殷培璞

兼任西安医科大学大骨节病研究室主任；也曾担任中央地方病学委员会副主任、卫生部医学科学委员会地方病专题组副主任、中华医学会陕西分会地方病学会主任委员等。

二

1924年，殷培璞出生在陕西汉中的一个普通家庭，少年时代殷培璞在家乡上小学，七七事变后考入流亡后方的中学，后因家庭经济拮据转入抗战时搬来的西北师范学院附属师范学校免费读书，毕业后，考入西北医学院医学系（六年）学习。1948年修业期满，他被派往地处战争前沿的芜湖弋矶山医院工作，救治了大批解放军指战员。1949年6月西安解放后，他被母校召回，聘为外科助教。抗美援朝期间，国家骨科人才奇缺，组织于1952年选送他赴天津医学院师从于著名骨科专家方先之教授门下深造，1953年回校后即任骨科主治医师。1958年，原西安医学院第一附属医院建院后，他任外科教研室副主任及该院创伤矫形外科教研室主任，他领导该科制定和建立了一整套完善的医疗、教学、科研、师资培训的管理规章和办法，科室连年被评为先进单位。1969年，陕西省成立了中草药骨研组，由他担任组长，深入全国各地，收集、整理民间正骨治伤验方2000余个，为挖掘、抢救祖国骨伤科医药学遗产做出了宝贵贡献。

三

殷教授从20世纪50年代后期就开始潜心研究大骨节病。

大骨节病是一种严重危害人民身体健康的地方病，俗称"柳拐子病"。这是一种慢性、畸形性骨关节疾病，以关节软骨和垢板软骨的变形与坏死为基本特征，被当地老百姓称为"瘟神"。患者轻则关节

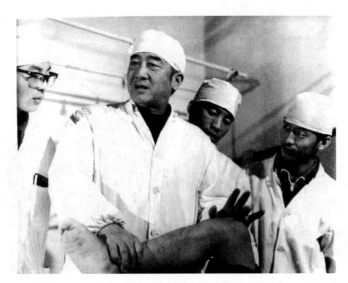

殷培璞教授在为患者检查的同时,向年轻的医生及患者家属传授知识

肿大,僵硬、疼痛,运动障碍,重则四肢短小畸形,手不能握,腿不能蹬,甚至完全失去劳动能力。陕西省是大骨节病的重灾区,按照中央部署和省委批准,1977年,西安医学院大骨节病研究室成立,殷培璞教授兼任主任,承担了国家重大科研课题——大骨节病的防治研究工作。他在大骨节病的临床诊断与防治、流行病学等方面进行了比较全面、系统、深入的研究,做出了创造性的贡献。

1979年至1982年,中央组织的永寿大骨节病科学考察中,他作为主要负责人之一领导了考察工作,首创了大骨节病临床检查法,已在全国推广使用。他提出了"吃杂、改水、讲卫生"的综合防治理论和学术思想,深受国内外同道称赞,综合防治措施已在试验点区取得了显著的效果,患病率由74%降低到8%,且控制了大骨节病的新发。该考察的集体成果获卫生部甲级科研成果奖,其中他亲自参加的研究

殷培璞教授（左三）在麟游县工作时与当地的医务人员、村民的合影

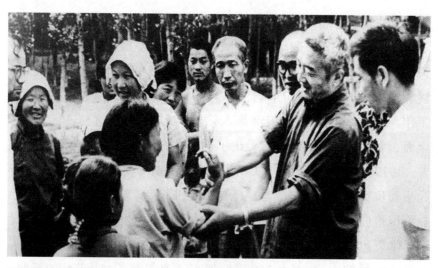

殷培璞教授（右二）在大骨节病区进行调研

就有10多项课题。从1984年起，他领导和组织了麟游大骨节病科学考察。在考察工作中，他创办了适应山区特点的大骨节病防治单位——杨家堡村防病育才学校，把卫生防病与文化教育结合起来，每天给学生用他研制的"黄豆海带汤"，定期给学生上卫生防病知识课，开展防病育人工作，此举大大减少了儿童的发病率。

为了解除大骨节病患者的痛苦，无论严寒酷暑，殷教授总是风尘仆仆，翻山越岭，走庄串户，奔波在大骨节病区，送医送药上门，为群众防病治病。他还在条件极为艰苦的麟游县杨家堡村建立了大骨节病防治基地，经常蹲点住在那里，与群众共甘苦，亲自参加大骨节病防治研究实践。几十年来，从村子到卫生院的小路，殷教授已记不清走了多少回，他总是牺牲寒暑假和节假日休息时间忘我工作，仅做晚期大骨节病患者手术就300多例，挽救了许多丧失劳动能力和生活不能自理的患者。在麟游县有一位青年，多年持拐跛行，动辄卧床不起，经殷教授治疗后，这位青年成了村上的全劳力，爬山越岭，拉车耙地，样样都干。1979年，殷教授在永寿县调查期间，一天在甘井镇看到一位小孩被大骨节病残害得屁股几乎蹲在地上，生活不能自理，在得知他家庭贫困后，决定把这位孩子带回西安接受治疗。在孩子接受免费治疗期间，他从家里拿出50多斤粮票、衣物及生活用品，一个月后，这个小孩顺利出院了。这位小孩子就是永寿县甘井镇车旦村的"秋娃"。这样的例子，还有很多很多。殷教授经常走乡串户，主动发现重病人，进行诊治，成了农民的"贴心人"。不仅如此，他还利用麟游当地的自然条件，改善土壤环境，减少病区人民粮食中含硒少的作物，增加含硒多的农作物，改善水质，切断致病因子。他自己花钱买设备供防治基地使用，自己学习果树培植技术、到处奔走寻找农作物良种，给农民买化肥、购种、亲自参与耕种，吃住和农民在一起，受苦受累毫无怨言。麟游县21位患者曾集体给《健康报》写信说："殷教授比我的父母还亲！"在党和政府的领导下，在他和同事、

殷培璞教授和大骨节病患及其家庭成员合影

学生们的辛勤工作下，经过几十年的努力，现在大骨节病在永寿、麟游这些重灾区已经得到最有效的控制。为了纪念这位无私奉献、德高望重的老专家，当地群众立碑撰文永远铭记这位"送瘟神"的老人，县政府也把他的功绩载入《麟游县志》。

2005年，崔木镇医院原书记党秀琴回忆说，1981年，她与殷教授认识，多年来，殷教授下乡蹲点都不要政府派车，生活俭朴，根本不去他们食堂吃饭，经常是自带干粮、面粉，自己做饭吃。检查病情外出时，时常戴一顶黑色的帽子，害怕群众认出他，给群众增加麻烦。1995年前后，她专门去杨家堡村大骨节病防治点看望殷培璞，进屋后

殷培璞教授和大骨节病患者的合影

惊呆了，他们老两口在一个小锅灶上做饭，因用麦草点火，整个屋子被浓烟围绕着，呛得人喘不过气来，煤灰不能及时排出，黑煤又落在灶台和锅里，看到此，她想一位医学专家、教授不待在城里，反而常年钻在深山老林里，围着这些大骨节病人转，真是难得！

四

殷教授医术高超，医德高尚，深受病人的爱戴。每次出差回来，不管多累，放下行李的第一件事就是去病房，在殷教授的眼里没有休息日，星期天和平时一样忙。殷教授还经常给来找他看病的患者捐助衣、物、钱、粮，只要他在门诊或者病房，患者就会络绎不绝。他出诊时一丝不苟，且关注细节。冬天门诊时，每进来一位患者，殷培璞总是先把自己的手搓热，然后才给患者检查、叩诊。看诊时，他也是一视同仁地对待每一个患者，无贫穷富贵之分，无高官百姓之别，他唯一想的就是尽快帮患者赶走疾病的困扰。就这样，他时常忘了时间、忘了吃饭……1985年的冬天，已到下班时间，殷培璞的案边还坐着一位穿着棉大衣，戴着火车头帽子的乾县关头镇的农民，他说："我两个儿子从小就患大骨节病，过去穷瞧不起病，这几年手头宽裕了，在当地给孩子瞧，又一直没瞧好，听说西安有位殷大夫，有本领，心善爱给穷人看病，也常下农村给人瞧病，因此，专门跑到城里来找殷大夫。"听到这一情况，为了及时给孩子看病，殷培璞精心检查并安排手术方案，通过积极治疗后，这位农民的孩子的大骨节病关节畸形被矫正了。

殷教授善于创新。他20世纪50年代对脊柱结核手术进行了改进；他担任西安医学院第一附属医院骨科主任，首先在西北地区应用人工关节；20世纪60年代他创用"手指触诊复位股骨颈骨折并固定"，这一方法解决了基层医院没有X线机时治疗股骨颈骨折的问题；20世纪70年代,他在救治唐山大地震伤员中,创用了"盆箍及高低杖治骨盆骨折",为抗震救灾工作立了功;他在西北率先开展颈椎病手术,独创大骨节病关节功能重建与修复、小儿麻痹后遗症等治疗。

他治学严谨,几十年如一日亲自给医学院学生授课,讲课形象生动,深受学生欢迎,共培养学校及在职医师万余人,对研究生教育更是呕心沥血,可谓桃李满天下。退休后仍坚持上讲台,为了给留学生授课,他亲自撰写《骨科学》英文讲稿,受到了留学院学生们的欢迎。他多次应邀到省内外讲学,并经常深入基层医院举办骨科、战伤、大骨节病学习班,制作了各种教学录像、幻灯片,无偿供给各基层医院培养人才使用。

退休以后,年事已高的殷教授仍坚持医院的病房、门诊、教学工作,和学校地方骨病研究所的同事们多次下到当年长期驻扎的永寿、

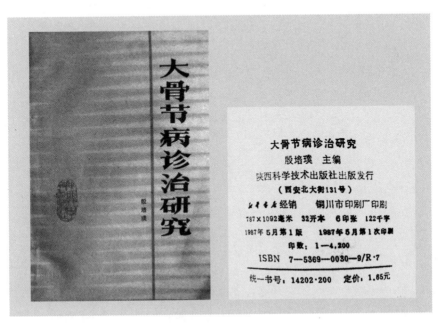

殷培璞教授的著作《大骨节病诊治研究》

麟游等地，深入指导研究大骨节病的防治工作。

五

殷教授离世的前几天，仍在骨科门诊上班，直到接待完最后一个患者离开，他才回家，这一天是2004年9月11日，这位81岁高龄的老人在自己的事业里奉献了最后一丝心血。

殷培璞教授虽然去世了，但大骨节病区的人民永远忘不了他，在他去世一周年之际，麟游县人民按照他的遗愿，把他的骨灰安葬在麟游境内页梁山区这片让他倾尽心血的土地上，并立碑永兹纪念，让他与地方病区人民永远"生活"在一起。

视患者如亲人
——孟绍菁

一

孟绍菁,女,生于 1934 年,汉族,山西清源人,中共党员,主任医师、教授。1957 年毕业于原西安医学院医疗系,同年进入西安医学院第一附属医院(今西安交通大学第一附属医院)外科工作。曾担任肝胆、胰、脾学会副理事长,外科教研室副主任,肝胆外科主任,老年外科主任。

二

1957 毕业的孟绍菁,由于德才兼备被留校从事外科工作。20 世纪 50 年代在陕西扶风县开门办学;20 世纪 60 年代到陕西黄龙县进行地方病防治研究;20 世纪 70 年代随医疗队到苏丹开展援外工作;1974 年,带领 28 名医护人员在扶风县开展了胆肠吻合术、巨脾切除术、胰十二指肠切除术等等,足迹走遍城镇乡村,把健康带进了千家万户。20 世纪 80 年代,孟绍菁教授已是西北地区有名的外科专家了。患者

孟绍菁

云集而来,慕名求医。病人都愿意找她看病,同事们业务上也喜欢向她请教,求她帮忙。她在手术台前站了 47 年,仅她做的胆囊切除手术,就为 3000 多位病人解除了痛苦,而无一例差错事故发生。

在医院里,孟教授是出了名的"工作狂",无论刮风下雨,白天黑夜,一有手术她随叫随到。一次,为抢救一名急腹症患者,她足足在手术台前忙了一个通宵,直到天快亮了,她才从手术台上下来。刚要离开时,又来了一批急诊,她毫不犹豫地重新站到了手术台前,不知不觉又是 20 多个小时过去了,病人转危为安,她却累得晕倒在急诊室里。

1996 年 4 月,孟绍菁教授调任干部病房老年外科、干 4 病区主任。当时,患者甚至相当一部分医护人员都认为干部病房是病人休养的地方,不是手术的地方,因此,外科手术患者很少。那时,医院给干 4

病区定的工作量是每月只需完成 7 台手术。长期以来,干 4 病区的 4 名外科医生,小手术做不上,大手术做不了,很难谈业务水平的提高,已有两名医生要求调离。孟教授到来后,手把手教年轻医生开展手术,甚至连手术结怎么打,都一点一点地教,一手带出了一支出色的外科医师队伍。在孟教授的带领下,干 4 病区每月开展手术 30 多台,多时达 40 余台,同时也开创了干 4 病区随时接收急诊病人和急症手术的先例,其他普通外科能够开展的大手术,在干 4 也同样能够顺利开展。1999 年底有人做了这样一个统计,在干 4 病区,孟教授带领 4 名年轻的医生,仅 1999 年一年就完成外科手术 336 例,其工作量是过去 3 年的总和!重危病人抢救成功率由原来的 70%,提高到近年的 95% 以上。科研工作也从无到有,先后获得省教委科技进步二等奖,中标陕西省卫生厅自然科学基金项目两项。干 4 病区的医疗技术上去了,科研工作上去了,社会效益和经济效益都上去了,医护人员由衷敬佩孟教授,患者也打心底里感谢孟教授。

三

1998 年 2 月,忙了一天的孟绍菁教授刚下手术台回到家里,接到科室打来的电话,病房刚收了一位急诊病人。孟教授放下饭碗,急忙出门时摔了一跤。当晚处理完病人后,才发现眼窝青紫,右侧脸部青肿,鼻子淤血。第二天早晨上班,为了掩饰,她就带着大口罩上班,仍然坚持查房、上手术。不久,她感觉心慌、气短,并有哮喘发作。在做检查时,胸片发现左侧肺有一个 2 公分大小的阴影,后被确诊为肺癌。当得知这个消息时,干 4 病区的医生、护士都哭了。

孟绍菁教授接受这个事实,却坚决不同意手术治疗。身为外科专家的她,知道肺癌病人经过手术后,一般只有 1/3 的人能活过 3 年,她也知道,不进行手术治疗,后果更不堪设想。无论医院领导、亲朋

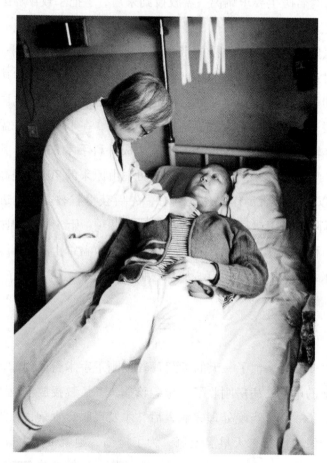

孟绍菁教授为患者检查

好友怎么劝她，她总是一句话：不做手术。有一天，科室一位同事万般劝说紧追不放询问她为什么不做手术，终于，她说了实话："其实，我知道，应该做手术，可我真的害怕手术后，我这一辈子再也没有机会拿手术刀了。"

在大家反复劝说下，1999年元月11日，孟绍菁教授终于同意进行手术。临进手术室前，她又问院长："我想知道，做完手术后，你答应不答应让我再上手术台。"望着孟教授清瘦的脸庞，院长忍着眼泪说："孟主任，你放心，只要身体允许，你一定能再回到手术台前。"

孟教授患的是一种低分化腺癌，恶性程度较高，手术后要放疗、化疗，更需要安心地休养与调理。可手术后才十几天时间，她就躺在病床上开始工作了。虽然门上写着"谢绝探视"的牌子，但孟教授不

孟绍菁教授工作照

允许护士们阻挡科室医生来汇报科室危重病人病情、讨论疑难病例。她一边住院治疗，一边指导着下级医生开展手术，干4病区的工作没有受到丝毫影响。手术后才3个月，孟教授还在接受放疗、化疗期间，就又走进了手术室，拿起了她挚爱了一辈子的手术刀，实现了重新回到手术台前的愿望，甚至有时一天还连续做两台手术。

化疗是癌症病人手术后很痛苦和难过的一关。每次化疗下来，严重的毒副反应让孟教授吃不下东西，头晕、恶心、呕吐，身体极度虚弱。为了支撑着上手术台，她常常在上手术前给自己吊一瓶液体补充体力。她每天工作的时间越来越长，她索性就在自己的办公室里搭一个床铺，以科室为家了。每周一是她的专家门诊时间，每周二到周四是干4病区的手术时间，她就把自己的化疗时间安排在周末。一次做完化疗，护士蒋玉梅遇见她说："孟主任，看着你精神好多了，脸色也好了，嘴唇也红润了。"孟教授说："下周又要打化疗，其实，打化疗我心里也觉着有点儿害怕，但挺一挺就过去了。我不知道还能活多长时间。"蒋玉梅安慰她说："十年。"孟教授笑了："我想有两年吧，要是有十年，我就太高兴了，不知我还能为多少病人做手术。"

四

孟绍菁教授廉洁行医、医德高尚。

她拒收红包、礼物，在她任肝胆外科主任时就已经传为佳话了。由于她的表率作用，肝胆外科曾被评为陕西省廉洁行医的模范单位，这个优良传统也被她带到了干4病区。护士长曾经想统计一下大家退"红包"、礼物的数量，孟教授只说了一句话："不要统计了，病人的东西本来就不应该要的。"

许多孟教授治疗过的患者都说："我们不知道拿什么东西能对孟主任表示感谢，她从来不收我们的礼物，从来没有对病人有过什么要求，但只要是病人需要的、病人所想的，她都尽力办到。"

2000年3月，孟教授做左肺部分切除术一年多，身体状况时好时差。一个名叫李宝麟的老知识分子住进干4病区，指名要求孟教授主刀为其进行"复杂胆道手术"。孟教授答应了。手术从下午2点一直到晚上7点，孟教授硬是咬紧牙关挺着，汗水浸透了她的衣服。直到手术做完，她才脸色煞白地走出了手术室，连说一句话的力气都没有了，走路时身子都是斜的。当病人家属李晓得知孟教授身患肺癌仍为其父主刀手术的情况后，忍不住失声痛哭起来："孟大夫，你这是用自己的命来换我父亲的命呀！我们全家拿什么来感谢你呀！"

一位来自外地的中年妇女，在农村做胆结石症手术引发胆管阻塞，全身黄疸，病情十分危急。孟教授给她做了手术后，每天早上、晚上、星期六、星期天都一直来看她。到第12天，病人脸上的黄疸逐渐退了，孟教授的脸上才露出了笑容。当时，患者的家属说，那是他在妻子手术后第一次看见孟教授的笑容，那笑容让他知道，妻子的生命得救了。

孟教授对病人的关心达到甚至超越了"不是亲人胜似亲人"，她的节假日几乎都是在病房同病人一起度过的。特别是对生活不能自理的工人、农民患者，她更为关心，往往是检查过程从头到尾陪着。曾经有一位不知姓名的病人昏迷了18天，她就在病床前守护了18天，别人都以为那病人是她的亲人，事后大家才知道，那病人只是一个普通群众，与她非亲非故。

陕西省委党校老干部刘静在陪同自己老伴两次住院期间，亲眼看到孟教授的动人故事，写下了一首诗："你不知道她是谁，但你知道她为了谁。日夜操持方寸刀，挽救垂危数难计。医术精湛不夸功，医德更比九鼎重。患者心中树丰碑，共颂华佗真传人。"

五

孟教授为人低调,她是全国"三八"红旗手、"巾帼建功标兵"、中国医师协会2003年度首届"扬子江杯"中国医师奖、陕西省优秀共产党员、"白求恩精神奖"获得者,但每当要了解她的事迹时,她总是那么几句:"不要写我,我没有什么好写的。"

在为人师表方面,她要求别人做的事情,自己首先做到。孟教授调到干4病区,每个星期六、星期天都去病房看患者,在她的影响下,干4病区的医生们每逢双休日,也都到病房去看患者。"要当医生,就没有休息日",这就是孟教授的言行对年轻医生的影响和带动。

生活中,孟绍菁教授十分简朴。她头发花白,背微驼,从没人见她穿过鲜丽漂亮的衣服,她的衣着只求干净朴素。她尽可能地挤出时间以把更多的精力留给患者,所以她没有多余的时间在衣食住行方面花费精力。

孟教授34岁才结婚,只生了一个孩子,但儿子远在美国,她何尝不牵挂、不惦念。当儿子几次请她到美国去时,为了工作,为了自己的事业,孟教授都不愿离开,因此多年来和儿子相聚的愿望也一直未得实现。

孟教授极富爱心,她曾多次捐助"希望工程"。2002年,当她得知陕西省妇联正在实施资助贫困儿童上学的"蓓蕾工程"后,她将刚刚荣获"三八"红旗手的2000元奖金全部捐献给了孩子。

作为一名医生,她以患者的生命为重;作为患者,她同常人一样,摆脱不了癌症对身体的折磨;作为母亲,她没有充足的时间和家人共享天伦之乐;作为女人,她把全部的美丽献给了救死扶伤的事业。

六

2003年,西安交通大学第一附属医院设立了"孟绍菁精神奖"。
什么是孟绍菁精神?
"视事业为生命,工作高于一切的敬业精神";
"视患者如至亲,责任高于一切的至善精神";
"言传身教、为人师表的无私奉献精神";
"生命不息、工作不止的顽强拼搏精神"。

(本文由西安交通大学第一附属医院宣传部供稿)

我国第一代医学女博士
——王秉正教授

一

1919年5月,王秉正出生于一个书香门第,她从小便立志要走从医救国之路。1937年,王秉正以优异的成绩考取了西安临时大学医学院,实现了梦寐以求的理想。由于日军的大举进攻,临时大学由西安转移到陕南城固县农村,条件太差,无法进行正常的教学活动,她不得已两年之后转学到四川成都华西坝的齐鲁大学医学院。她认真学习医学前期课程,积极参加临床实践,尤其对妇产科学感兴趣,经过先后8年的苦读,1945年,王秉正以优异的成绩大学毕业,并同时获得加拿大多伦多大学医学博士学位。

王秉正

二

毕业后，王秉正回到了故乡西安，开始了自己的从医生涯。她主动到病人最多的西安广仁新医院妇产科工作。1948年，调到西安医学院附属医院妇产科，先后任住院总医师、主治医师、讲师。新中国刚成立时，医疗条件落后，妇科发病率较高，许多妇女因难产致死，无数健康婴儿因四六风（破伤风）而夭折。她急病人之所急，不论严寒酷暑，不论白天黑夜，凡是重危疑难病人需要诊断及处理时，她总是随叫随到。她对医术精益求精，十分重视手术把关，每次手术前，特别是对难度大的危重的手术，除进行详细检查、化验外，还要进行术前讨论，对可能发生的并发症，做到心中有数，并准备好一切急救措施。手术过程中，她重视腹腔及盆腔内各有关器官的检查及病变发展程度，对可疑恶性肿瘤病人的淋巴结的检查更是认真，十分强调要仔细辨认人体的各种组织，任何动作都要做到稳准轻巧，避免不必要的损伤，并要求在手术过程中迅速止血，这样既可保持手术视野的清晰，又避免了不必要的输血。

由于经济落后，农村的医疗条件差，很多妇女因患妇科病不能及时治疗而离开了人世。王秉正教授和同事们不辞辛劳，利用星期日到附近农村及工厂普查治疗妇女病达万人次。1959年秋至1960年春，王教授多次到陕北的黄龙、宜川、延安等地进行巡回医疗，帮助指导农村基层医疗诊断治疗妇产科常见病和多发病，为抢救患克山病的孕产妇，她每天要翻山越岭、步行数十里山路，即使是春节，也没有回去和家人团聚。

1964年，她参加了延安社教医疗队，除完成巡回医疗任务外，还为基层培养了一大批医务人员，特别是计划生育及妇幼保健骨干力量。1972年，在农村，她曾多次成功地为子宫脱垂病人做了手术，并

1945年,作为新中国第一代医学女博士,王秉正与同窗毕业生合影留念

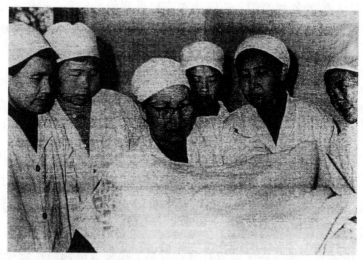

王秉正在为患者检查产道,还不时地向身边的年轻医生传授经验

给骨质软化患者进行药物治疗。年过六旬的王秉正除完成教学工作以外，还曾多次利用暑假，带领医务人员到略阳、延安、岚皋等几个县培养当地医务人员，治疗子宫脱垂及尿瘘病人。她在岚皋的38天里，和手术队的同志们为5个县培养了20多名医疗科技骨干，做手术67例，还治疗了一些危重疑难病人。从乡下回来，由于过度疲劳，她的心脏功能严重受损，心电图显示，她心脏常出现不良的变化，但她从未停止过工作。

三

王秉正教授一直战斗在妇产科教学的第一线，多年来一直担任妇产科教研室主任。她热爱自己的事业，知识渊博，教学严谨，有丰富的临床经验，曾为20多期医学院学生讲授妇产科学，每期都收到良好的效果。王秉正教授还担负着培养研究生的重任，她对研究生要求严格，指导细心。她对自己的医术从不保守，总是乐于把自己积累的医学知识和经验传授给其他同志。许多手术方案都是由她提出，并亲自实践后再指导下级医生操作，从而带动了一大批青年医务工作者的成长。王秉正教授说："我的同事和徒弟们，能青出于蓝而胜于蓝，这是我最大的心愿。"

教学实习是医科大学教学的重要环节，每次实习，王秉正教授都亲自抓，并严格要求。为了多见病种，增加操作机会，她常带领学生到农村、工厂实习，这样做的同时还提高了当地基层医务人员的水平。1974年，她担任教学队长，带领各科教师及两个班的学生到户县（今西安市鄠邑区）进行临床教学实习，除了完成全部妇产科教学任务外，还协助户县医院及惠安化工厂医院妇产科进行疑难病人的处理，利用较为简陋的手术室，成功地为一位75岁高龄的妇女进行了尿瘘修补术，解除了她40年的痛苦。此事在当地传开后，向王秉正教授求医的病人更是络绎不绝。

除正常的教学工作外，王秉正教授还多次参加西安及其他各地区举办的各类学习班的教学活动，培养基层医务人员。如安康、延安举办的两病（尿瘘及子宫脱垂）学习班、西安举办的妇产科医师提高班、难产学习班、节育技术及优生知识提高班、陕西省人口理论学习班等，她都亲自到班上讲课。1975年，她曾到凤翔、岐山协助本科年轻医生进行教学，到周至、兴平协助本科年轻医生进行手术，还去宝鸡、铜川、渭南等市做学术报告。王秉正教授认为，传播医学知识是她的本职工作，不管条件多差，路途多远，只要工作需要，时间允许，她都会欣然前往。晚年，她不顾体弱多病，还到过甘肃平凉地区、湖北荆州地区做学术报告。她的足迹已踏遍了全省各地及附近几省区，她的学生和学员已经遍及全国各地。

1981年，王秉正教授参加了卫生部妇幼司组织的美国高危妊娠考察团，与美国同行相互交流了经验。她决心让妇产科学向世界先进水平看齐。回国后，年过六旬的王秉正教授不知疲倦地投身到科研活动中去，参加了研制"ZDZ"外用避孕药膜的课题，1984年被评为卫生部科技成果奖。她还参与了计划生育"六五"攻关科研项目"提高不锈钢O型宫内节育器避孕效果的研究"，获1986年国家计生委三等奖。她所领导的教研室，在激光技术、染色体新技术、显微外科输卵管再通术、滋养叶细胞肿瘤的诊治等方面，均居国内先进水平。

她曾编写过医学院校本科教材、专科教材等，并参加了全国北方组教材的审稿工作。多年来，王秉正教授还编写翻译了有关妇女保健、计划生育、性知识等方面的书籍和资料。1987年，王秉正主编《妇女保健学》一书，全书共66万字，插图150余幅，是陕西省培养妇女保健高级专业人员的第一部教材，为国内少有的关于这一领域的专著。王秉正教授参加编写的《实用中西医结合妇产科学》一书，在同类专题中一枝独秀；参加编写的《人口概论》一书，在1981年获陕西省社会科学学术研究优秀成果奖。由她审稿、刘雪亭主编的中等卫生学校试用教材《妇产科教学病案》一书，收集了全省十余所医院中的典型疑难妇产科病例进行分析，在启迪学生思维，提高学习兴趣、培养学生理论联系实际的学风方面，都起到了很好的作用，同时，这也是一本各级卫生学校实用的辅助教材。王秉正教授还翻译了大量外文资料。她参加翻译的《变态反应的原理与实践》一书已出版。

王秉正教授一贯重视教研室的建设。在她的倡导和带领下，妇产科生殖遗传实验室、生殖内分泌实验室、围产医学实验室、肿瘤实验室等迅速建立扩大，分子遗传室也初具规模，增设了胎儿监护仪及妇产科专用 B 超等。妇产科手术诊断符合率高、并发症少，在 1982 年全省医院医疗质量大检查和 1989 年产科质量检查中，均名列第一。

四

她一心扑在事业上，舍小家，顾大家。年轻时，为了不让孩子、家事拖累自己，她毅然离家到西安南郊第一附属医院去住。"文化大革命"期间，她和爱人都被打成了"牛鬼蛇神"，4 个孩子都成了"黑五类"。在打扫厕所和劳动改造的日子里，她矢志不忘自己的事业，仍孜孜不倦地学习，偷偷摸摸地为群众看病。

平日里，王秉正教授多次组织义诊活动。1988 年 10 月，她组织了 20 多名医学专家在位于咸阳的省立第二纺织医院进行义诊活动，仅两天就诊治了 500 多人次，义诊收入的 1500 元全部捐给了灾区人民。1989 年"三八"妇女节，她带领同志们先后两次去高陵及武功进行义诊，受到当地群众的热烈欢迎。为了振兴西安地区的医学教育及科研事业，她将自己多年来省吃俭用的 10000 元人民币和她父亲的全部抚恤费、丧葬费 900 多元，捐献出来作为教育及科研基金。

王秉正教授曾无限感慨地说："业务上的进步，离不开政治思想觉悟的提高。"这个从旧社会过来的知识分子，为了跟上时代前进的步伐，思想上积极要求进步。1952年她参加了中国民主同盟，1975年任民盟陕西省委委员。1975年5月，她光荣地加入了中国共产党。王秉正教授曾任陕西中华医学会理事，1985年《实用妇产科》杂志编委；1980年至1991年，兼任陕西省中华医学会妇产科学会主任委员；1981年至1985年，任《中华妇产科杂志》编委、顾问；1989年，兼任《近代妇产科进展杂志》编委；1990年，任西安医科大学专家顾问委员会常务委员。

王秉正教授为妇女保健事业做出了重大贡献。1979年、1983年，她曾两次被评为陕西省"三八红旗手"及全国"三八红旗手"。1980年，陕西省高教局及中国教育工会陕西省委员会授予她从事教育工作30年荣誉证书；同年卫生部授予她从事妇幼保健工作30年荣誉证书；1984年，被评为陕西省高校系统优秀教师；1990年，国家教委向她颁发了从事高校科技40年成绩显著的荣誉证书。王秉正教授还曾当选为第三届全国人民代表大会代表及中国人民政治协商会议第五届、第六届、第七届全国委员。

1993年12月，王秉正教授退居二线后，仍然坚持上门诊、查房，参与疑难病讨论、研究生论文答辩、国外医学文摘的翻译、校对及审稿等工作。她德高望重、医术精湛、不骄不躁、辛勤地工作，把自己的一生精力都奉献给了祖国的医学事业。

（本文由西安交通大学第一附属医院宣传部供稿）

寻访医学抗战旧址　揭秘尘封许久院史

□刘　铨

2017年是交大二附院抗战迁陕八十周年，医院决定隆重纪念这个铸就大医大义院魂的日子。回想起25年前的1992年，我带领西安医科大学第六批青年教师社会实践队下汉中半年，其中探访的文家庙等抗战老院址情景，一幕幕犹在眼前。如今虽时空转换，而当年无意之举，却非虚行。探访的文家庙小学已被定为"西安交大医学人文教育基地"。经我们实地考察确定出的当年附属医院先辈开凿的水井，已由西安交大建起"饮水思源"石栏和"医学抗战纪念碑"了，真可谓无心插柳柳成荫啊。

机缘巧合　社会实践去汉中

1992年8月，接西安医科大学通知，按照教育部的指示，由校部、一、二附院和口腔医院的43名青年教师组成第六批青年教师社会实践队，分别到汉中卫校医院、汉中市医院及城固县医院进行为期半年的社会实践活动。经医院党委研究，委派我同时担任赴汉中和城固两个队的队长。学校同时严格规定，为保证实践效果，队员们在半年的社会实践期间不得擅自回西安或私自到其他地区，还订有若干条纪律，并与晋升中级职称挂钩。

汉中文家庙小学老院址

9月初,这批年近30的青年分别到达汉中市区和城固县城两地,由我一人两地奔波管理。如何在学校规定和年轻人天性之间平衡管理,两边讨好,确实是件耗神费力的事情。那时西安到汉中交通极为不便,没有高速公路,山路崎岖,客车极少,另外只有一天一趟绕经宝鸡阳平关路过汉中到安康的火车。于是队里私下规定,每队一次只准两个人因事请假回西安,待其返回后再轮其他两人请假回家。

下边的工作生活不紧张,时间充裕却枯燥,而年轻人的思家恋亲之心是拢不住的。无奈中一方面除了鼓励大家勤上门诊、多做手术,提高业务外,又组织了个英语学习班,由校部外语系教师聂文信给大家授课。一方面还得想法让大家尽可能丰富业余生活,比如周末组织

青年教师在汉中中学老校址前合影，左起一附院车向明、医学院聂文信、口腔医院冯彬、一附院王西亭和张淑瑶、口腔医院李天亮和杨菊花、一附院李健、二附院王有权，摄于1992年。抗战期间西北联大医学院（西北医学院）曾在这里上过课

1992年，刘铨老师带领西安医科大学第六批青年教师社会实践队下汉中半考察先辈所开掘的水井

去南郑南湖、游城固南沙河、张骞墓，看勉县武侯祠，观洋县朱鹮等，周日两个队轮流去。虽然时逢冬季，汉中的人文自然风光还是十分旖旎可观的。

还能干什么？记得传说汉中是西北医学院抗战创业之地，旧址到底在哪？当年是怎么回事，多少年来好像还没听说谁再去过。我觉得可以作为社会实践的一个题目来做做，或可以亲眼目睹旧址遗物，也许还能听到当年的轶闻旧事。

我先拜访了隋式棠教授和王兆麟教授，隋老当时八十有七，1936年即在北平医学院任教，医学院抗战迁陕后，他步行跋涉到汉中，当时任小儿科副教授兼医院总务长；王兆麟是迁校后的一期学生，毕业后留校任教。正好汉中市医院眼科有个黄国钦老医生，也是1940年毕业的老学长，他听说医学院来人在卫校医院，特地请我到他家做客。黄老对西北医学院特别有感情，他讲述了许多当年学院和医院在汉中的经历和故事，并画出了去学校各个旧址的路线图。三位老校友是医学院发展历史的见证人，尽管他们都年事已高，一提起当年，仍记忆犹新，谈吐颇健，对我们寻根的想法极为赞赏。

初探旧址　寻访汉台中学巷

得知1938年医学院刚迁汉中，先借北大街中学巷的汉中中学上课。这个方便，与卫校医院只隔几条街。12月9日，相约汉中实践队的青年教师车向明、王有权、聂文信、杨菊花、冯彬、张淑瑶、张艳敏等一行先到中学巷看看。还好，旧址仍在，门头上"汉中中学"牌匾斑驳，字迹苍劲，是个三进大院，据学校办公室的司老师介绍，该处为清乾隆四年（1739）所建的汉南书院，1935年改为汉中联立中学，抗战期间西北联大医学院（西北医学院）曾在这里上过课。新中国成立后汉中中学向东扩迁，因该院属汉中文物保护对象，得以原样

1992年，医学院及附属医院青年教师考察当年黄家坡老校址，并寻访到当年给医学院做饭的莫淑芳老太太，照片中右侧房屋便是当年医院实习学生的宿舍

保存了下来，现由学校校办工厂占用，环视院内，建筑破旧，古柏森然，伫立良久，似能感到当年抗战学子活动学习身影。

离开汉中中学，向南隔一条街，即汉中著名古迹——汉台，据传是当年刘邦当汉中王时的王宫所在，隋老和黄老告诉我们，学校刚迁汉中时先在此开办诊所，其西南旁军校1943年开拔，门诊和医院又从乡下搬了过来，新中国成立后黄老曾在此筹办汉中医院，现在是汉中市公安局所在，只见新楼连立，当年遗迹已是无迹可考了。只有古汉台上的望江楼依然矗立，院内几棵百年大树还枝叶茂盛，不管怎样，他们肯定看见过西北医学院的医生护士和学生们在树下休憩和读书吧。

饮水思源　考察先辈开掘水井

王兆麟教授告诉我,1939年8月,汉中遭日军轰炸,西北医学院搬往东郊离城十余里一个叫黄家坡的小镇。该镇附近有四座庙:文家庙、马家庙、孙家庙、三皇寺。医学院当时是利用这四座家族祠堂寺庙来兴医办学的,马家庙是当时的院部、文家庙是附属医院,孙家庙是学生宿舍,三皇寺是教师宿舍和附属小学。隋式棠教授讲:出小东门走大路十余里可到,但此时汉中没了城墙,也没有小东门,原向东

1992年,医学院及附属医院青年教师考察确定当年西北医学院挖掘的水井

1993年1月青年教师社会实践考察文家庙老院址

的公路也已早向北改线了，只有乡间小路。我便先约着一附院的王西亭，骑自行车前往探路。

一路打听，找到了文家庙。所谓文家庙原为该村一座文家宗祠，已改为文家庙小学了。该校的衡校长十分热情地接待了我们，并找来了一位姓陈的退休教师，陈老师自小生长在这里，他还清楚地记得西北医学院当时的一些情况。校内原有一座大庙被医院所用，医院还在旁边盖了一些平房，东边盖了一间大房，后来被生产队当了库房。并指给我们当时病房在哪里、哪里是手术室，手术室的顶棚还是报纸糊的，后边是太平间……当时病人很多，还有伤兵，还能见到美国人，门外有一片树林，埋有许多不治身亡的伤兵和无主病人。医院搬走后，国民党军队曾在此驻扎，新中国成立后曾为汉中市22中。遗憾的是房屋基本都翻建改造了。问及遗存，陈老师领我们到两排教室间的一口井旁，指说这就是当年西北医学院所挖掘的，医院生活用水、洗纱布、洗衣服、洗被单都在这儿，看这口井的位置不像一般挖在房旁墙边，而在院子中间，确实是符合医院用水量大、地点开阔且便于洗涤晾晒的特点。后来虽然无用，但并未填平，一直用石板盖住。我们觉得不虚此行，终于找到当年西北医学院附属医院的一处有意义的遗存了。

再寻见证　听述当年逸闻事

初访有收获，1993年元月7日，为结合社会实践总结，我再次带领车向明、徐军、屈秋民、聂文信、冯彬、杨菊花、张艳敏等青年教师，骑自行车全面考察旧址，计划路线是黄家坡——文家庙——马家庙——三皇寺。据三位老教授介绍，黄家坡有个黄家祠堂，当年我校上临床课的四、五年级学生食宿都在这里，另盖有两间草房做教室。经向老乡打听，找到了黄家祠堂，但已翻盖为农家院了。好在西邻的一院旧宅仍在，房主是一位名叫莫淑芳的老太太，时年76岁，据她讲该房过去是地主的住宅，土改时分给她家，房子好，一直就没改建过。她和她老伴当年就是给西北医学院学生做饭的，东厢房就是女生宿舍，房南有空地当时是操场，向东1里路下坡就到文家庙了，学生在这儿听到文家庙铃声就过去上课了。交谈中老太太也知道日本人给这扔炸弹，炸死了医学院一个教授、两个学生，就埋在附近，还炸死了几个老乡，传说是爱国学生给留在北平的日伪院长扔炸弹没炸死，让日本人来报复的。

沿小路向东几百米即文家庙小学，据黄老讲，文家庙里有两棵百年的大树，当地叫樟子树，他们考察后认为是菩提树，汉中唯此处有，当年在院内，医院同事常在树下休息娱乐，凡老校友都对此记忆颇深。但我们来寻访时只剩一棵了，而且因为当时是冬季，树枝干枯、树叶无存，只有黝黑的树身仍留着岁月瘢痕，它大概还能记着50

2014年4月,西安交通大学在文家庙西北医学院旧址修建医学抗战迁陕饮水思源纪念雕塑

交大一附院王西亭与文家庙小学衡校长合影,摄于1992年

多年前在此艰苦工作学习的教职员和大学生吧。在考察了先辈们挖掘的水井后，我们即骑车向东去马家庙，马家庙当地叫马家坝，距文家庙向东七八里，因不属于一个乡，无路可行，我们只好沿汉江堤岸先绕到孙家庙，这里和附近的衡家坝曾有我校的学生宿舍，再向北一二里，来到马家庙。一打听，当地老百姓皆知西北医学院当年在此办学。按老乡指点，我们找到当年旧址所在，但黄老所说的大庙已于1972年拆除，成为村上的加工厂，北边还有一排旧平房，疑是当年的教室和实验室，院内所说的大桂花树也于拆庙的同时死去了，可能是物悲其类吧。

离开马家庙，向西1里多路即是三皇寺，据王兆麟教授回忆，教职工多住在三皇寺，这里也有一座大庙，被我校所借用为附属小学，现在还是一所小学校，时过境迁，物非人亦非，至此再无收获，令人惆怅，但毕竟我们还是时隔50多年后专程再来踏寻旧址和拜谒先辈的西北医学院传人了。

后　记

星移斗转，时光荏苒，距我们当年在汉中考察医学院和附属医院旧址已经过去25年了，当年寻访旧址的同时，我曾给西安医科大学校报两次投稿，讲述寻访考察的经历和感受，当时的校报主编刘新乐老师非常重视，每次刊登前都要拿着我的稿子专程去找王兆麟教授认真核对，王教授对文中的几点不确切和错误之处也提出了中肯的意见，并希望我能多拍些老校址的照片给他看看。同时，他还推荐黄国钦的女儿黄佩琳协助我们考察校址。十分遗憾的是，我从汉中率队回西安后冗事缠身，也未再写后续，所拍照片也没给王老还愿。如今隋式棠、王兆麟、黄国钦三位老教授均已作古，但我要十分感谢他们，如果没有他们当年的指点和期盼，我们的校史和院史不可避免地要留

马家庙,抗战期间西北医学院所在地,摄于1992年

下空白和遗憾。

在撰写此文时，我脑海里不断再现当年去寻访旧址的情景，不断涌现着来自校部、一附院、口腔医院和二附院的那些队友们身影：聂文信、车向明、徐军、张淑瑶、王西亭、张艳敏、冯彬、杨菊花、屈秋民、李健、李天亮、王有权等，感谢你们，感谢当年共同踏寻西北医学院汉中旧址的那段经历。

（以上照片除西安交大修建饮水思源纪念雕塑照片外，均为刘铨、车向明于1992年、1993年拍摄）